MARY BEARD

文明 I

单数还是复数？

［英］玛丽·比尔德————著

郭帆————译

目　录

前言：文明与野蛮　/　1

1　我们如何观看？

序言：头像与身体　/　3
鸣唱的雕像　/　7
希腊的人体　/　17
失落的面容：从希腊到罗马　/　25
中国帝王，与形象的力量　/　37
超大型法老　/　45
希腊革新　/　53
大腿上的污点　/　69
革新的遗产　/　75
奥尔梅克摔跤手　/　87

2　信仰的目光

序言：吴哥窟的日出　/　95
是谁在看？阿旃陀的"石窟艺术"　/　103
耶稣的身份　/　115
虚荣的问题　/　123
有生命的雕像？　/　133
伊斯兰教的艺术性　/　141
《圣经》的故事　/　153
战争的伤疤　/　161
印度教之形，伊斯兰教之风　/　173
文明的信仰　/　177

后记：文明，单数还是复数？　/　187
补充书目与参考书目　/　193
主要遗址地点　/　221
致　谢　/　224
出版后记　/　227

前言：文明与野蛮

围绕"文明"这个词汇，人们展开过无休的争论，却从来无法给出一个精确的定义。1969年，肯尼斯·克拉克（Kenneth Clark）在他为BBC制作的系列节目《文明》(*Civilisation*)的开头，就带着观众们思考过这个根本性的概念问题。"文明是什么？"他说，"我不知道。我不能用抽象的术语来定义它——至少现在还不能。但我想只要让我看见它，就能认出它来。"这的确暴露出他在文化判断方面怀有某种高傲的自信；但克拉克同时也是在承认，"文明"作为一个类别，其边界是含混而常常变动的。

贯穿于本书写作中的一个信念是：对于理解文明来说，我们的所见，同我们的所读或所闻是同等重要的。本书展示了人类在过往数千年中的璀璨创造，地域横亘千万英里，从古希腊到古代中国，从史前墨西哥的人类头部石雕到21世纪伊斯坦布尔郊外的清真寺。但它也激起我们的重重疑惑：有关艺术是如何运作的，以及我们应当如何解读它。因为它不仅仅关于那些用画笔、铅笔、黏土、凿子塑造出我们周遭诸般形象的男男女女，无论其作品是廉价的小玩意，还是"价值连城的杰作"；它更关乎那些一代又一代曾经使用、解读、争论过这些形象，并为之赋予意义的人们。20世纪最具影响力的艺术史学家之一E. H. 贡布里希（E. H. Gombrich）曾经写道："实际上并没有艺术这种东西，只有艺术家而已。"在本书中，我把艺术的欣赏者们也纳入了讨论框架。我这个版本的艺术史并不会采取以"伟大人物"为中心的艺术史观，也不会去讲述那些通常意义上的英雄和天才的历史。

在本书中，我将重点讨论人类艺术文化中两个分外迷人，同时也争议不断的主题。第一部分是关于人体的艺术，着重于全球范围内一些非常早期的对男性和女性身体的呈现和塑造，探讨它们的作用和被观看的方式——从古埃及法老王的巨大雕像，到中国秦始皇墓葬中的兵马俑。第二部分则转向众神的形象。这部分覆盖的时间跨度要更长一些，探讨了无论古代还是现代的所有宗教在试图描绘神圣之物时，是如何面对那些不可调和的问题的。这不只发生在某些宗教之中——比如犹太教或伊斯兰教会为视觉形象问题而担忧——而是历史上所有的宗教都关心表现神明形象的意义，甚至还时而因此展开斗争，并且它们都找到了或精妙、或有趣、或尴尬的方式来直面这种困境。存在一条艺术上的光谱，其一个方向上的极端是对形象的暴力破坏，而另一端则是无条件的"偶像崇拜"。

我在这里工作的一部分,就在于展示我们观看之方式的漫长历史。在全世界范围内,古代艺术以及与之相关的争执和辩论都仍然是相当重要的。在西方,古代艺术,特别是古希腊和古罗马的艺术——数个世纪以来,人们一直以各种方式沉浸于这种艺术传统之中——至今仍对现代观赏者们施加着巨大的影响,即便我们并不经常意识到这一点。西方关于怎样才是对人体"自然主义"呈现方式的设想,可以追溯到公元前6世纪与公元前7世纪之交希腊的某一场变革。而今天我们谈论艺术的许多方式仍然是这种古典传统的延续。现代社会会将女性的裸体与男性掠夺性的注视关联起来,这种想法并不像我们通常认为的那样,是直到20世纪60年代女权运动兴起时才出现的。我在第一部分中将会解释,人们公认的古希腊第一尊人形大小的女性裸体雕塑——公元前4世纪的女神阿佛洛狄忒像——就激发过完全同一类型的辩论。我们还知道,一些更早期的学者也激烈地争论过用人类的形象来塑造神明究竟是对是错。一位公元前6世纪的希腊哲学家尖锐地指出,如果牛马可以作画,那么它们也会按照自己的形象来刻画神明,将他们塑造成牛马的模样。

克拉克的那个开场问题——"文明是什么?"——也是我要回答的一个重要问题。本书的两个部分脱胎于我为BBC首播于2018年的《文明》(*Civilisations*)系列节目所写的底稿。这次尝试并不是对克拉克原版节目的"复刻",而是要走出欧洲(克拉克曾经提到过那么一两次大西洋彼岸的艺术,但也仅限于此),回到史前,用更宽广的视野和参照系,以全新的眼光来看待这些主题。这也是新标题采用"文明"一词的复数形式的含义。

我对于那些围绕着"文明"这个概念本身,以及人们为采用这个相当经不起推敲的概念所做的辩护的不满与争执,是比克拉克更为关注的。"文明"最有力的武器往往是"野蛮":"我们"通过和那些被我们认为是未开化、并不持有或无法认同我们的价值体系的人群作对比,得出"我们"是文明人这个结论。文明既是一个收蓄的过程,同时也是一个排外的过程。"我们"和"他们"之间的界限可以是内部的(在世界历史的大部分时间里,"文明的女性"都是一个自相矛盾的词汇),也可以是外部的,就像"野蛮人"(barbarian)这个词所显示出来的那样。这个词最初是个古希腊词语,带有民族中心主义和贬斥的意味,用来形容你无法理解的外国人,因为他们的语言听起来像不知所谓的胡言乱语"巴拉巴拉巴拉……",这当然是个很难接受的事实:所谓的"蛮族"无非是那些从我们的观点来看,对文明的定义、对什么是人类文化最重要的事有着不同理解的人群。归根结底,一人眼中的野蛮,就是另一人眼中的文明。

只要可能的话,我总是尝试从这条界线另一边的角度来看待问题,用与传统、熟悉的视角格格不入的方式来解读文明。我会

前言：文明与野蛮

用通常只有在审视现代艺术时才会使用的怀疑的眼光，来打量那些远古的形象艺术。很重要的一点是，许多古埃及或古罗马的观赏者，对他们统治者的巨大雕像的不屑，很可能和我们对现当代独裁者炫耀夸饰的态度是一样的。我不仅会提到那些作为经典作品传承下来的形象，也还会讨论一些在历史上的争执中失利的形象艺术，通过它们来探讨什么应当被呈现，什么不应当被呈现，或者该如何呈现。还有那些损毁雕像和画作的人——无论是否以宗教的名义——通常在西方会被视作历史上最糟糕最野蛮的暴徒，因为他们这些"偶像破坏"的举动，人类损失了许多艺术品，我们为此哀悼。但同时我们也应当看到，他们也有他们的故事要讲述，甚至他们还有自己的艺术主张。

但现在先让我们前往墨西哥，从书里那些最为古老的形象开始吧……

1

我们如何观看?

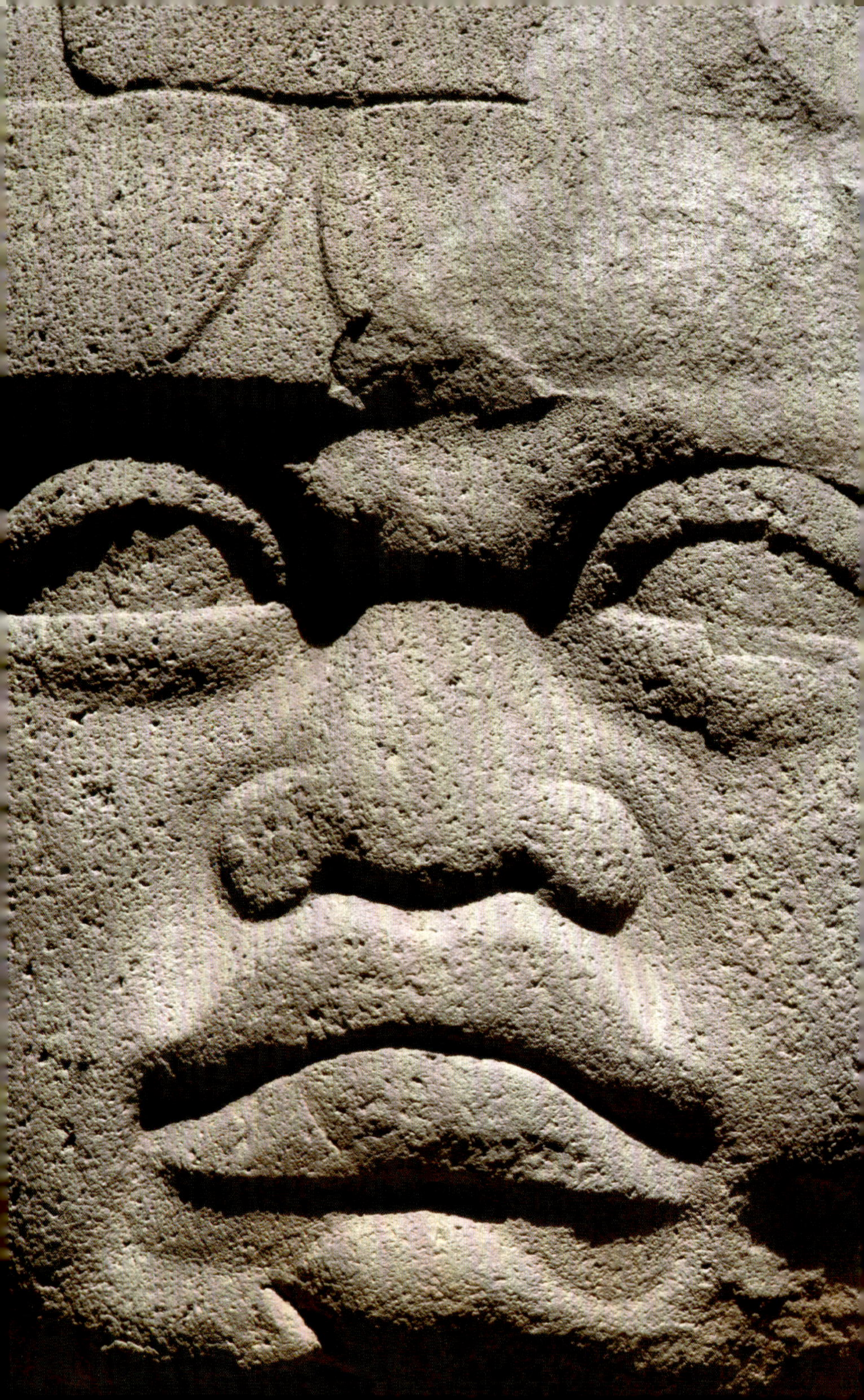

序言：头像与身体

有很多地方能让你同古代世界面对面地接触，但恐怕其中没几个能像墨西哥丛林里的某个角落那样让人惊叹，那里屹立着一座大约3000年前立起的巨型人头雕像。它大得有些令人不安：高度超过7英尺（1英尺=0.3048米——编注），单是眼球的直径就接近1英尺，重约20吨，是由美洲中部已知最早文明的奥尔梅克人（the Olmec）建造的。还有很多细节需要细细观察才能发现：在他的双唇之间（我们几乎可以肯定这是一位男性），你隐约能看到他的牙齿；眼睛上勾画出了虹膜的轮廓；卷曲不齐的眉毛上方戴着饰有图案、精雕细琢的头盔。近距离面对这样一个来自遥远过去的人像时，你很难不受触动。即使相距数千年，即使他只是

---

1. 与雕像对视。拉近看特写，这尊古老的奥尔梅克头像（图2）显露出他头盔上特别的图案，以及他眼中虹膜模糊的轮廓。

一张巨石上刻出来的脸,那种人性的共鸣还是可以直击人心,不可阻挡。

我们越是思考,这个人头就变得越是神秘莫测。自从这尊雕像在1939年被重新发现起,所有对它的解释都令人不甚满意。它为何如此巨大?他是一位统治者还是一个神明?是某一个具体的人的肖像,还是某种更为一般性的形象?为什么只有头部——就连头部都不完整,在下巴处就被截断了?这座石像的用途到底是什么?石像的材料是一整块玄武岩,来自距发现雕像之处50英里(1英里≈1.609千米——编注)的地方,而且完全使用石制工具雕刻而成。这必然是个耗费了大量时间、精力和人力的大工程。可是,为什么要雕刻这样的一座石像呢?

2、3. 最早在拉本塔的奥尔梅克遗址发现的两座巨大头像——二者风格极其相似,都在下巴处被截断。我描绘的那座令人震惊的石像在右边,从微张的嘴唇里可以看见他的牙齿。

除了艺术品和考古发现,奥尔梅克人几乎没有给我们留下任何文字记录或其他线索,今天我们对他们所知道的,仅限于一些城镇、村庄和寺庙的遗迹,陶器,小型雕像和另外至少16座头部巨像。我们甚至不知道他们是怎么称呼自己的:"奥尔梅克"这个名字——"橡皮人"的意思——是15和16世纪的阿兹台克人对居住在该区域的族群的称谓,这也是用来指称居住在那里的史前人类的一个方便的标签。而且,艺术中的"奥尔梅克风格"究竟在多大程度上可以反映存在一个拥有共同身份、文化和政治的人群整体，始终是备受争议的。但无论如何，不管它们身上的谜团多么浓重，奥尔梅克人都强有力地提醒了我们：在全世界范围内，当人类刚开始艺术创作时，他们制作的总是关于自身的作品。艺术从一开始就是关于**我们**的。

在这个部分中，我将探讨世界各地的早期人体形象艺术：从古代希腊罗马到古埃及，以及中国帝制时代的最早期。我想要回答奥尔梅克头部巨石像摆在我们面前的一些问题：这些人体形象的功能是什么？在它们被建造出来的那个社会里，它们起着什么作用？那些和它们共处的人们是怎么看待它们的？除了制作它们的艺术家，我还会重点讨论**观看**这些艺术品的人们。不仅仅是过去的情况：我想要展示的是，这些源自古希腊的展现身体形象的方式，是如何成为——并且到今天仍然是——形塑今日西方观看方式的重要力量的。最后再回到奥尔梅克，我们将看到的是，我们观看的方式可能会迷惑甚至会扭曲我们对自己之外的文明的理解。

但首先，让我们前往离墨西哥丛林半个世界之外的地方，看看在奥尔梅克文明的 1000 年之后，一位罗马皇帝见到古埃及遗迹时的故事。

鸣唱的雕像

公元130年11月,哈德良(Hadrian)率随从们来到了距地中海海岸500英里的埃及城市底比斯,也就是今天的卢克索。在到达之前,这支皇家大部队——除了皇帝和他的妻子萨宾娜(Sabina),庞大的队伍里很可能还有仆人、奴隶、参谏、心腹、家佣和护卫,以及众多的门客——已经沿着陆路和水路前行了数月。作为罗马历任统治者中最热衷于旅行的一位,哈德良的足迹几乎遍及每个角落。他既是一个充满好奇的旅行者,一个虔诚的朝圣者,又是一位精明的君王,想要知察其庞大帝国中发生的种种。而此时,这位皇帝身边的氛围应当是相当紧张的,因为就在几周之前,哈德良刚刚失去了他的最爱:不是萨宾娜,而是一个叫作安提诺乌斯(Antinous)的青年。安提诺乌斯一开始也身在这支皇家队伍之中,后来却神秘地溺死在尼罗河里。是谋杀、自杀还是某种奇特的人祭仪式?众说纷纭。

但个人的悲情或负罪感并不会影响皇帝的征途,一行人还

文　明　Ⅰ

是按照原计划前往当时埃及最负盛名的古代遗迹,也是整个古代世界最佳的五星级旅游胜地之一。那就是法老阿蒙霍特普三世

4. 这座大理石浮雕上的安提诺乌斯手持花环。该雕塑于1753年被发现于哈德良位于罗马城之外的蒂沃利行宫里,这意味着它可能是皇帝为纪念这个青年而下令制造的。但一些考古学家也认为这个略带情色意味的作品过于完美,因而怀疑它是伪造的,或者认为它至少被后人充满想象力地修复过。

（Amenhotep III）的一对巨大雕塑，高65英尺，在公元前14世纪刚建成时，矗立在他的墓穴外起着保卫的作用，然而到了大约1500年后的哈德良时代，这两座雕像和法老的关联就被逐渐淡忘了，而且至少其中一尊还被追认了个新主人：神秘的埃及王门农（Memnon）——黎明女神之子，据说在希腊与特洛伊之战中，他作为特洛伊人一方的战士，最后死于阿喀琉斯（Achilles）之手。这座雕像吸引罗马观光者的原因，不在于它巨大的身形，而在于一个更令人惊奇的现象：它能歌唱。足够幸运的话，在清晨时分，你就能目睹这个奇迹——门农在破晓之时呼唤他的母亲。一个不那么有想象力的古代旅行者把这座雕像的啸叫声比作断了弦的里拉琴发出的声响。

这声响究竟是怎样产生出来的，仍旧是个谜。有那么一两位特别有怀疑精神的罗马人认为，这就是几个小男孩藏在雕像后面，用走调的里拉琴耍的把戏。现在人们通常采用的更科学的解释是：雕像在一次地震中被损坏过，之后断裂处在清晨日照的升温和干燥效应之下发出了自然的啸鸣声。在罗马人对其进行过一次大修之后，它似乎就不再发声了。即使在它发声的黄金时期，它也不是每天都啸叫的，所以它的每次发声都会被认为是好兆头。罗马皇帝一行到达后的第一天，门农坚决地保持了沉默——这对于当地旅游业来说，完全可能酿成一场公关灾难——由此可见，这声响显然不是出自"背后的男孩"这种可操作的（或曰可收买的）

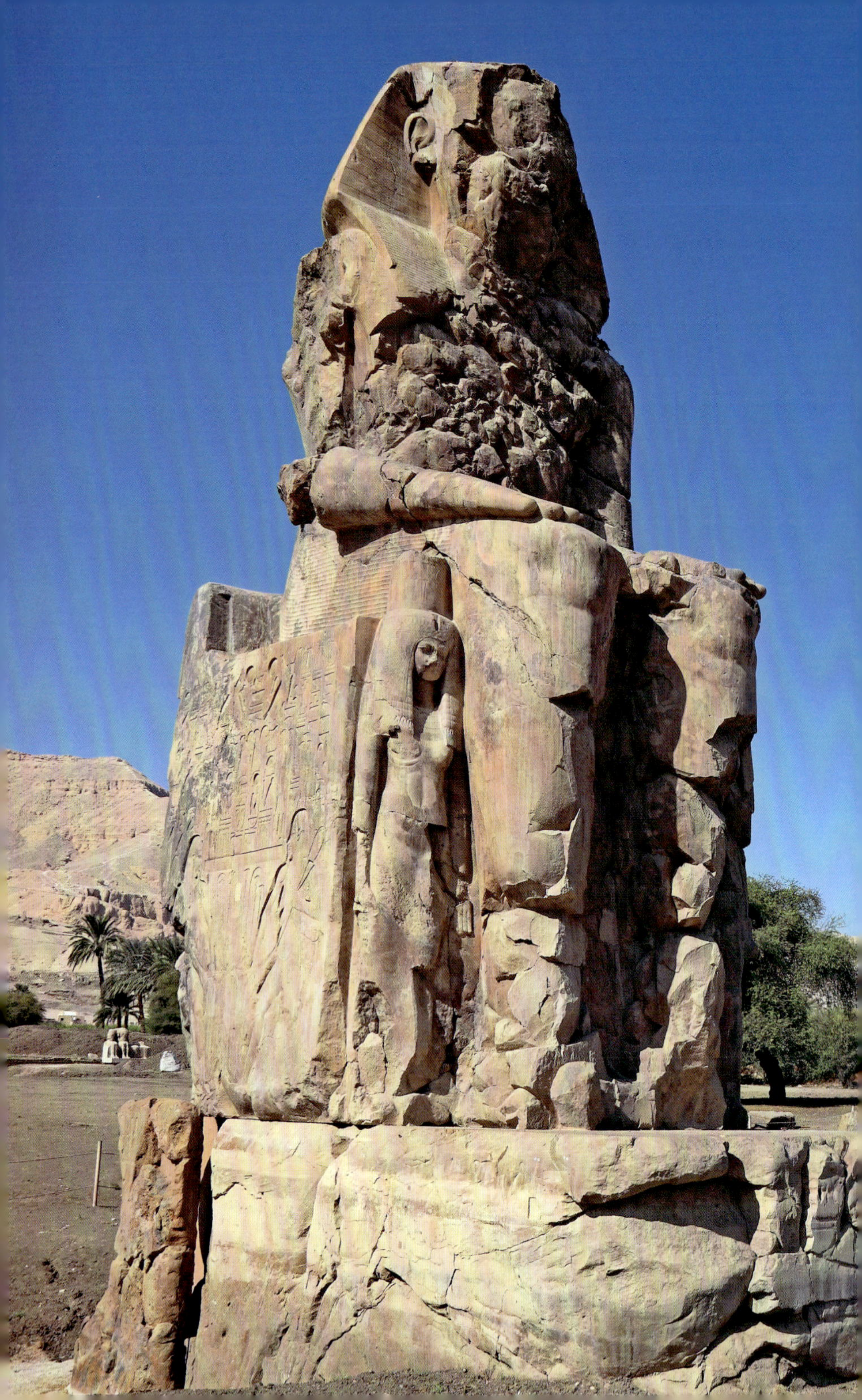

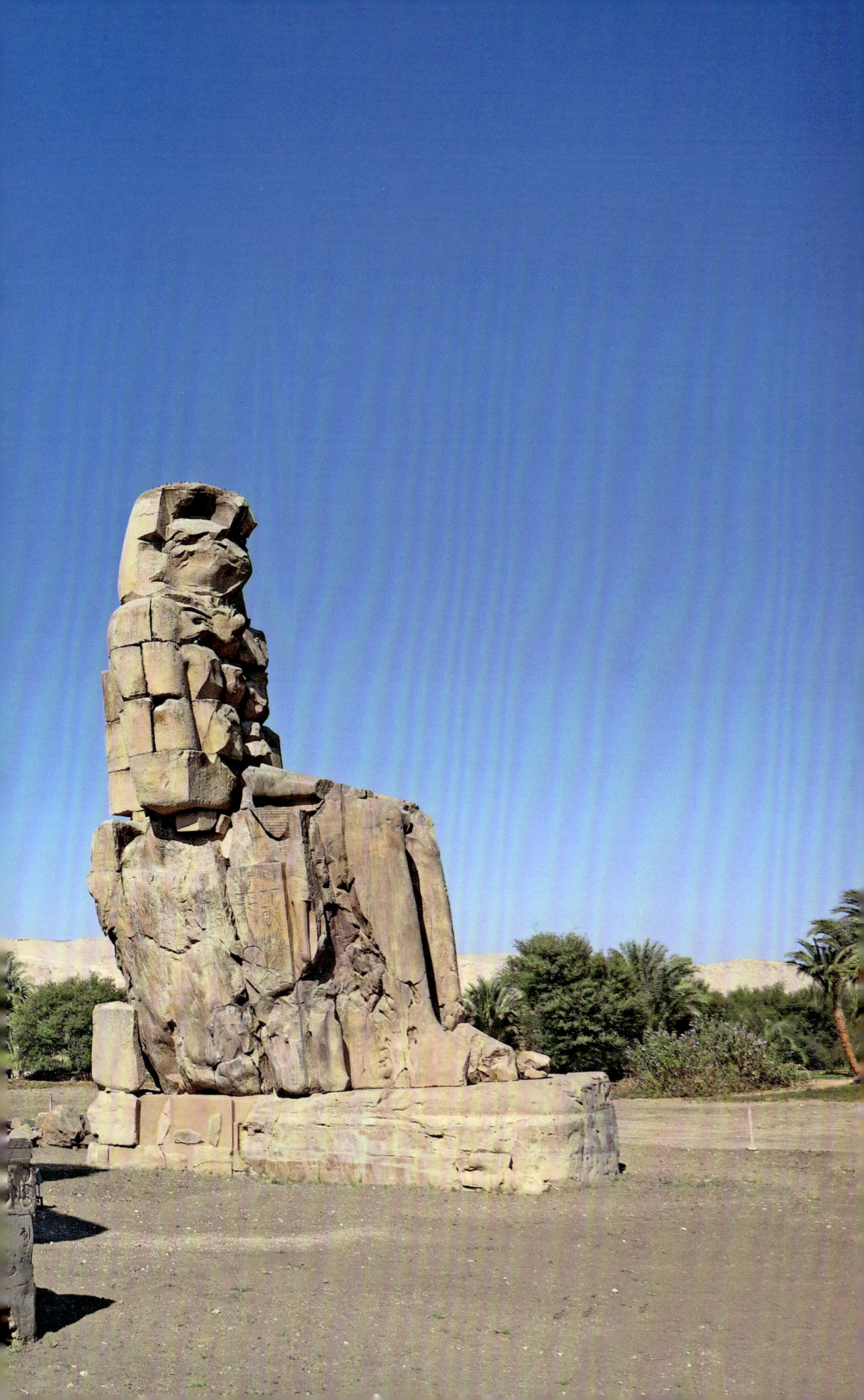

原因。

我们得以知晓哈德良等人在第一天早上遭到了冷遇,是因为一位随行的成员用诗歌记录下了这一情形——一位名叫茱莉亚·巴比拉(Julia Balbilla)的名媛、朝臣、近东王室的后人,也是费洛帕波斯(Philopappos)的姐妹,后者在"费洛帕波斯山"上的纪念墓碑至今仍是当代雅典的一个永久地标。巴比拉用希腊语写作的诗篇共有五十多行,分为四首单独的诗歌,被刻在了雕像的左腿和左脚上,至今人们仍能读到它们。和茱莉亚的诗歌一起刻在上面的,还有另外百余首古代游览者向门农和他的力量致敬的诗文。用不着去想象巴比拉,或者其他锦衣玉食的来访者们是怎样爬上雕像,并亲自徒手凿出这些诗文的。他们很可能只需将写在纸莎草纸上的文字交给当地的工匠或官员——当然这是收费的——那些人就会在雕塑的腿上找出一处空位,为诗兴大发的客户代劳。到了公元2世纪的时候,这条腿上已经被凿得密密麻麻了。

巴比拉的诗算不上有多高的文学价值("有些句子差得惨不忍睹"——一位现代评论家毫不留情地说道),但它可以说是相当高端的涂鸦,几乎可以作为她门农之行的游记来读,这也让我们得

---

5. "门农巨像",右侧是鸣响的雕塑。

以通过第一手记录窥见人们当年在此处的情形。她试图为门农第一天的沉默编造一个动听的理由。在题为《当我们没能在第一天听到门农》的诗篇里,她(以其典型的笨拙文风)写道:

　　昨日门农迎接帝王的妻子时不发一言
　　有意让美丽的萨宾娜重游此地
　　因为我们皇后的倩影让你如此欢喜……

　　之后的某个早晨,当哈德良终于听到了门农发出的声响,巴

6. 我获准爬上雕像的脚面,就像几千年前的工人一样。他们受雇将那些古代旅行者面对奇迹般的鸣声有感或无感而发的感触转刻到上面。

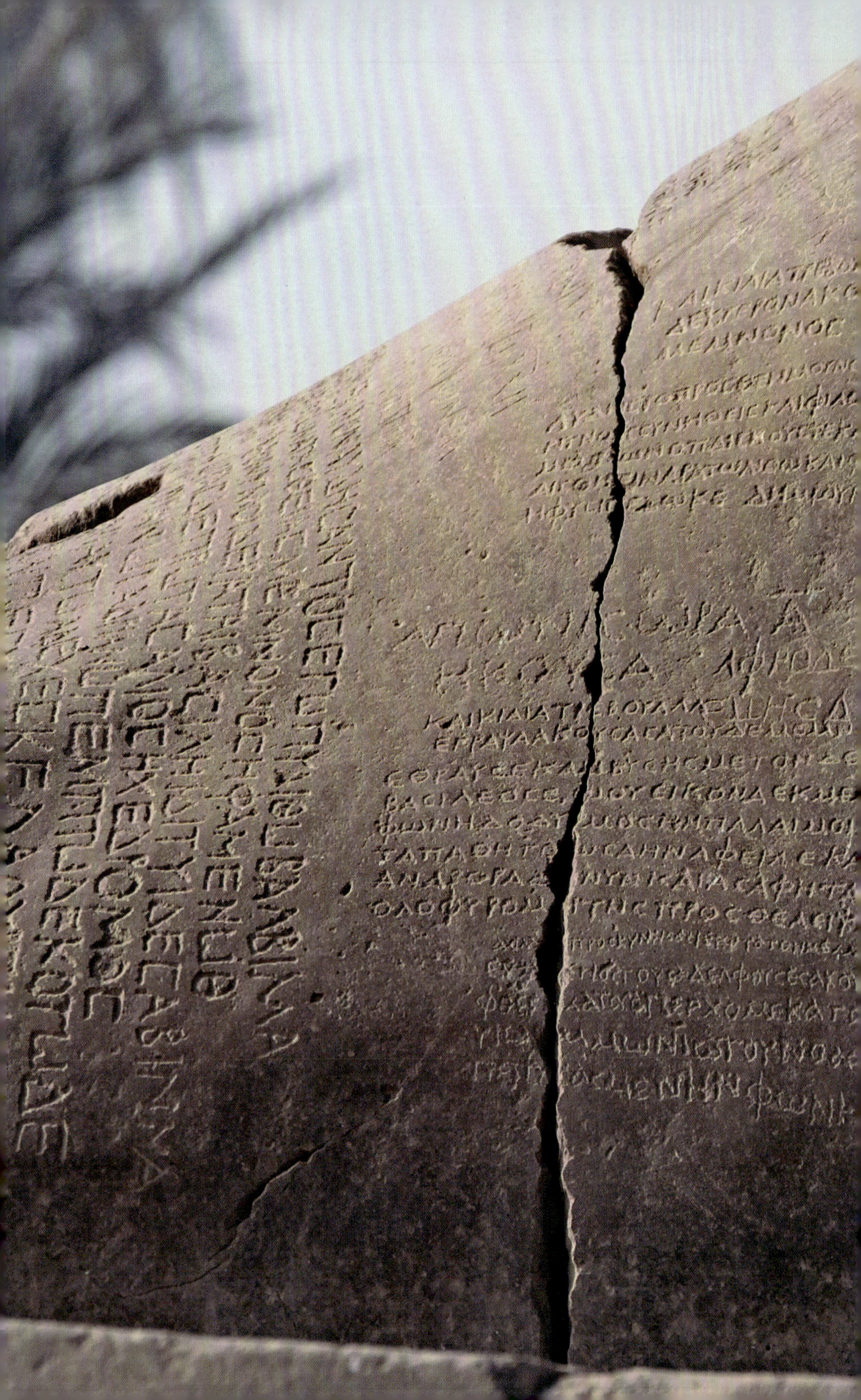

我们如何观看？

比拉的语气就相当地得意起来。她把这声响比作"奏鸣的青铜"，而不是残破的里拉琴，还把那三声啸叫（通常情况下只有一声）视作神灵对她的帝王的格外青睐。在另外几行诗句里，她进一步表示门农将会不朽永存："我想，您的雕像永远不会损坏。"要是知道自己的预言至少到现在为止还是正确的，我敢肯定她一定很高兴。

能够循着当年哈德良队伍的脚步，像两千年前的他们一样注视，尽管已经听不到当年的啸鸣，还是让人备感激动。但更重要的是，整个故事向我们展示了古时的人们用以阐释人形塑像和画像的一种方式：它们不是被动的艺术品，而是在其观看者的生活中承担了积极的角色。无论那个响声是杜撰，是恶作剧还是自然奇观，门农的雕像都有力地提醒我们：形象确实大有可为。巴比拉的诗文特别提醒我们，艺术史并不只是艺术家的历史，它不仅仅关乎那些描绘、塑造着的男人和女人，更关乎那些像巴比拉那样，欣赏着，并以自己的方式诠释着艺术品的男男女女，同时也是各种不断变化着的诠释方式的历史。

---

7. 门农塑像脚部这个部分（图中裂缝在图6也出现了）很好地显示了那些涂鸦（大多是用希腊文书写的短诗）是如何遍布塑像的"皮肤"的。最左端是巴比拉的另一首诗——"我巴比拉听见了石像之语，听见了门农神圣的嗓音……"。

要想理解身体的形象，将这些观众的视角重新置回到艺术的视野内是很有必要的。而实施这种做法的最佳场所，莫过于哈德良大帝无比倾心、斥资修建并流连忘返的另一个古典胜地——希腊的雅典城。我们可以通过古代雅典人留给我们的成千上万的视觉形象，和诗歌散文、科学理论以及哲学思考中海量的言辞，来近距离地考察，甚至从内部探究它的瑰丽文化。

希腊的人体

约公元前700年,也就是在那些埃及巨像矗立了七个世纪之后,雅典人开始了一种整个欧洲城市生活里最激进的实验。雅典在我们的衡量标准里从来都不是个大城市(可能只有三万个男性公民参与公元前5世纪中叶的民主活动),但在某些方面,它又像是一个现代大都市,不同阶级和背景的人们生活在一起,共同创造出了某些所谓"政治"(politics这个英语词来源于古希腊词polis,即城市)中的基本原则。和我们长期被灌输的那种高尚堂皇的美化版本相比,这种文化实际上始终是更陌生也更残暴的。那些雅典人"发明"的民主、戏剧、哲学、历史,以及他们关于什么才是文明人和自由公民的高度理论化的思考,是与其对奴隶、女性以及被叫作"野蛮人"的群体的剥削分不开的。所有这些文化的背后还存在着对年轻健美形体的高度推崇,仿佛美丽的人体就是对道德和政治美德的有形保证或促进。在雅典人的固有观念里,一个完美的男性公民应当是"形象好",人又"好"(kalos kai agathos，用一句流行的希腊套话来说）。

因为有着这种理念，雅典就成了一座遍布人体形象的"肖像之城"。雅典艺术，更广泛地说是希腊艺术，几乎从来不和风景或静物相关。它只与人的身体相关，充满了各种各样的人体雕像、图案、绘画和模型。而且这些形象是随处可见的。现代博物馆安全而封闭的空间里，古典雕塑往往只是消极地沿着展馆墙壁一字排开，然而古代雅典的雕像在当时可谓相当积极地入世，几乎堪称一个与鲜活的人群平行共存的群体，在人类活动中扮演着自己的角色。请想象在公共广场上，在幽暗的圣殿里，大理石和青铜铸成的人体雕像与有着血肉之躯的人群并肩而立，再想想年轻的运动健将们赤裸着身体在运动场上比试，向他们投以歆羡目光的不只是他们的追随者，还有在希腊标准看来同样健美昳丽的一排排运动员雕塑。还可以更为具体地想象一下，酒宴上的男人，纺车旁的女人，他们看着雅典陶器上用鲜明的红色和黑色勾勒出的图案，看到的恰是他们自身作为雅典人的身份写照。

虽然看起来艳丽无比，而且现在是博物馆里陈列的杰作，但其实这些盆罐大多本来只是日常家用的陶器餐具，你很容易就能在雅典家庭的厨房置物架上找到它们。在公元前600年那段时间里，它们被成千上万地制造着，制造它们的不是艺术家的工作室，而是Kerameikos〔今天我们英语中ceramics（"陶制的"）一词就和它相关〕——这座古老城市里的"制陶角"，那里有许多相互竞争的作坊。成品陶器上诱人的色彩是一种工业过程的产物，其中包含了不同温度下的多道烧制工序和各种细致的表面施釉。就是这种画有人物图案的陶器，使得以某种方式呈现的人体形象变得无处不在，首先在雅典，然后传遍整个西方世界，乃至更广阔的地域。

两个同是制造于公元前5世纪，但却极为不同的样本，清楚地展现了这种形象制作是如何发生作用的，并且指向了古典时代的观赏者与陶器上人物形象之间的重要关联。其中较大的那个（图9）是一个高端的男性宴饮场合上使用的凉酒器（不太清楚是用它盛了酒之后，再把它放入一碗凉水中冷却，还是先在它里面倒入凉水，再把它放进一碗酒里）。而比较小的那个（图8）是一枚普通的水罐，看上去似乎曾被使用过多次。但这两件陶器之上形象的作用远远不止装饰，也不只是对人体形象的美学追求，或是出于反映周围生活的简单愿望。综合起来看就会发现，虽然并非简单粗暴的社会教化运动，但它们其实是在对雅典人"该如何做一个雅典人"提供指导。尽管两者的社会背景迥异，我们仍然可以粗略地认为其功能与20世纪50年代以及之后的西方广告里携带的信息相类似，即通过消费品上附着的意象来暗示完美的生活方式。

在水罐上，我们可以看到一个完美的雅典女性形象，这个形象显然不是个穷人。她端坐着，一个奴隶或侍女伸手把婴儿递给她。她的脚边放着一个毛线筐。这幅画面简洁地回答了"雅典公民的妻子是做什么的?"这个问题:她们的作用是生产孩子和布匹。这个陶罐本身很可能就是女性家居空间的组成部分,同时也

8. 这是为教导雅典上层妇女进入其社会预期角色而设置的一种经济型视觉速成培训:织布和生育子女(虽然是在奴隶的帮助之下——图中一位女奴正在把婴孩递给她的女主人)。

为如何做一个雅典主妇提供了行为范本。

凉酒器就不同了。它的表面上画的是萨梯——一种半人半兽的神话生物（从他们的山羊耳朵和尾巴上可以看出）。他们的画像遍布整个杯体，全都是酩酊大醉的。一个萨梯正在用他的某个滑稽的身体部位来让高脚杯保持平衡（该玩笑曾经让一些保守的维多利亚时代博物馆馆长大为震惊，他们就临时把那个勃起的阳物涂掉了，结果却造成更滑稽的效果，让那个高脚杯好像悬浮在半空中）。另一个正把酒从一个兽皮酒壶里直接倒入口中，相当于"举起酒瓶一口干掉纯威士忌"的古代版本。

这种画面出现在男性世界的酒会桌面上，有什么作用？很可能类似于现代人印在香烟盒上的健康警告：无论你多么享受畅饮，也不要喝得过量，因为酒精可能会让你变得像眼前这个粗俗不端的生物一样。但这些陶器的作用不只是"政府忠告"这么简单。它们提出的是更大的问题。如果水罐上的图案形象是在指导雅典女性怎么做一个女人的话，那么这个凉酒器就指向了那些更困难的问题：文明与粗俗之间、人与兽之间真正的界限何在？你要喝多少酒才能真的变成野兽？我们应该在哪里以及如何划出界线，来区分一个文明世界的公民和那些像萨梯一样野蛮的存在——据说萨梯们住在城市之外，远离文明的蛮荒地带。

在其历史形成的这一早期阶段，雅典人积极地塑造着自己的身份，为自己制定一系列规则和习俗。在没有现成的模板可供因

9. 半人半兽的萨梯打破了"文明"男性饮酒的许多规则。喝纯酒并不仅仅是过分纵欲，它还是对连葡萄酒都要兑水喝的希腊传统做法的蔑视。

10. 右图中这些喝醉了的萨梯开的滑稽玩笑同样显示了他们在性方面缺乏节制——在他们身边，没有任何生物是安全的。

循的情况下，雅典人就创造出了一套关于如何在城市社群之中共处的观念。当时的雅典戏剧、历史和（较晚一些的）哲学，都显示出作者们对以下问题的高度关注：如何定义人性，公民应当如何表现，以及究竟什么才算得上"文明"。但他们对于人性的理解并不会得到我们大多数人的认同，因为其中包含高度的性别区隔和严格的等级体系。举例来说，如果你在一个雅典陶罐的图案上看到奴隶的形象常常只有雅典公民的一半大小，这一点绝非偶然。它还刻意地嘲弄那些面容、身体或习惯有些不合主流的人，从未开化的外国人到老者，丑陋的、肥胖的以及孱弱的人都在此列。无论你是否喜欢，这些视觉形象——人形的，或是人兽的混

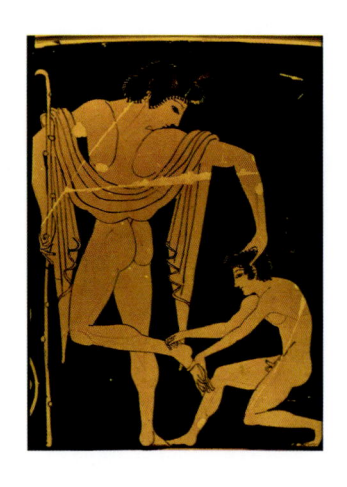

11. 公元前5世纪的一个雅典双耳杯（一种用来混合酒和水的碗）上画的一个运动健将和他的奴隶，清楚地展现了等级区分。被画得很小的奴隶正在服侍他主人的足部，而主人则重重地撑在他的头上。

合体——在社会辩论中同样起着重要作用，它们向观赏者灌输关于身份、行为和外表的规范。

我们已经看到，视觉形象具有构建"文明人"的概念这个功能，但它的效用还远不止于此。

失落的面容：从希腊到罗马

Kerameikos，也就是"制陶角"，在古希腊是两种迥异的人体形象以及它们所承载的截然不同的功能发生碰撞的地方。这些彩绘陶器——雅典人日常生活中在从酒会到厨房的各种场合都会用到的主要器具——都是在这个城市的一个主要公墓区旁制作出来的，毗邻着雅典人往昔的记忆与逝者的大理石纪念像。如果说人体的视觉形象有益于雅典人在现世中的共同生活，那么它们实际上同时也让逝者得以继续生活在活人中间。作为古代——现代也是如此——最迷人的职业之一，雕塑，成了人们对抗死亡与失去的方式。

最为有力地阐明雕塑的这一功能的，莫过于20世纪70年代在雅典郊区出土的一尊年轻女性的大理石雕像。从下方的铭文中可以看到，她的名字叫作普拉斯科莱雅（Phrasikleia）——其意思大致相当于"意识到自己声名远扬"。制成于约公元前550年，她是现存最令人印象深刻的古希腊墓葬纪念品之一。雕像的衣裙款

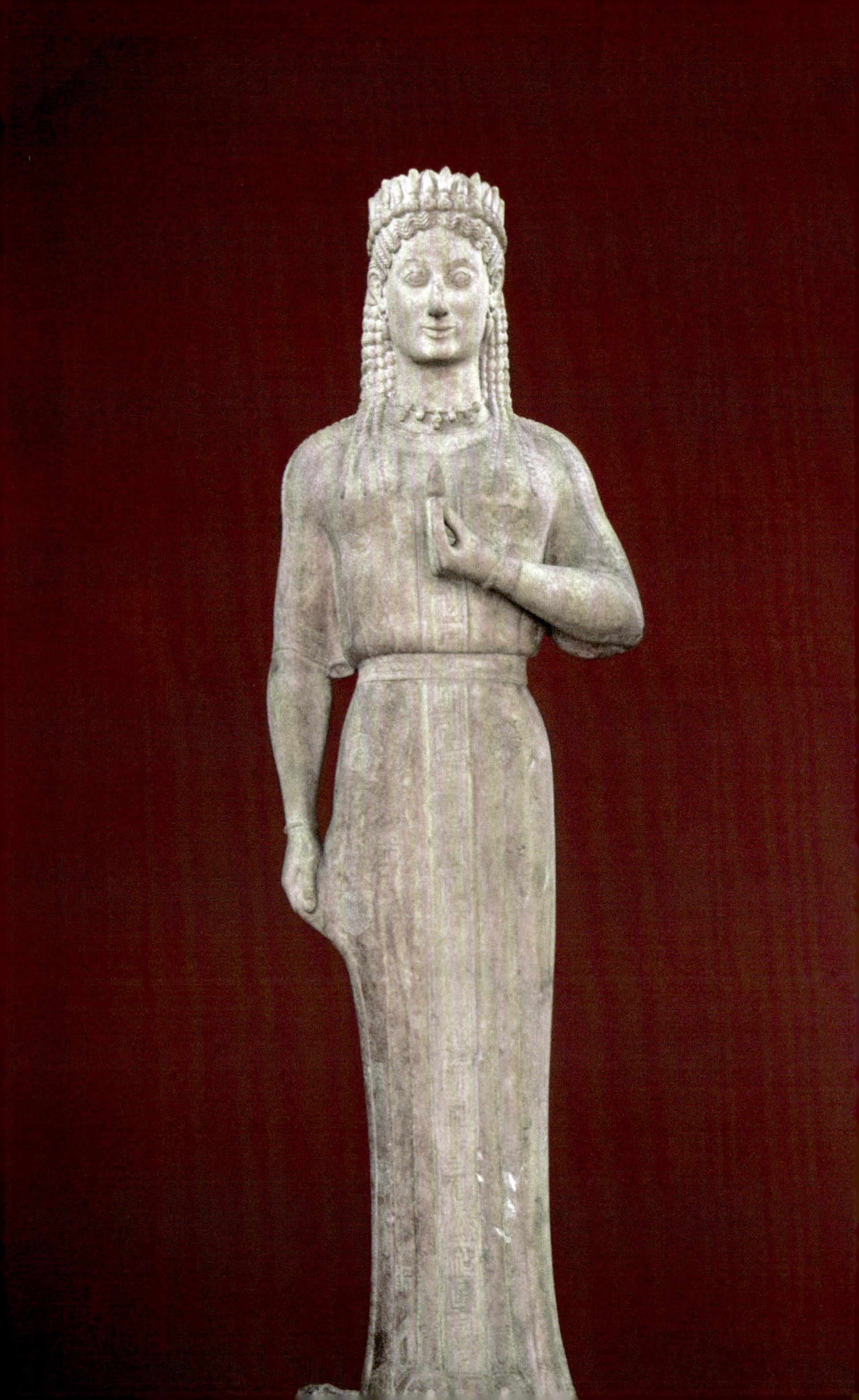

式精良，将她打扮得最光彩照人的形象永远固定了下来。雕像上残存的红色颜料清楚地提示了我们，大多数希腊雕像的着色都是浓烈到甚至有些艳俗的。她的脸上挂着常见于早期希腊雕塑的怪异微笑，旨在为大理石赋予某种"真实的生命"。因为在这个世界上只有活人才能真正地微笑。

普拉斯科莱雅的魅力在于，她至今仍然能够引起观赏者的兴趣和共鸣。她目视前方，却勾起我们探查她背后秘密的愿望。她手持一朵鲜花——是要自己留着还是献给我们，不得而知。下方的铭文告诉我们这是她本人墓葬的雕塑，并且几乎在让她亲口对我们说："我将永远被称为少女，因为此名赐自诸神，而非婚姻。"也就是说，"我是未婚便离世的。"我该怎么观看她？她挑起了我们的心绪，激发我们的情感。普拉斯科莱雅和她的观赏者之间的交会是生动的，而且未来只要我们愿意，就仍能如此与她相遇。

普拉斯科莱雅用最直接的方式面对死亡，并坚定地拒绝被遗忘。但是一个人的视觉形象真的可以让人们短暂地忘记其死亡，

---

12. 普拉斯科莱雅的纪念像是之前的半个世纪里最重要的希腊雕像发现之一。对她衣裙初始设计的复原工作，显示出它曾经饰有明丽的花朵、花环和镶花金属饰品（见图37）。不同寻常的是，雕塑艺术家的名字也被记录在了底座上：来自希腊帕罗斯岛的阿里斯顿（Aristion）。

哪怕只是片刻地否定这种失落吗？普拉斯科莱雅之后的几百年，也就是大约在哈德良造访门农雕像的年代，来自罗马治下埃及的一些令人难忘的面部形象，就几乎真的做到了这一点。它们显示出令人不安的现代感，还暗示着古典世界必然曾经存在过一个重要的肖像画传统——尽管我们已经失去了关于这些画作的几乎所有线索，只有在很少的几个气候条件有利于木材和图案长时间保存的地区（埃及就是其中之一）还保留着一些。这些肖像令人惊讶地体现出许多一般会让我们联想到现代人像制作的技巧：对光影效果的描摹，以及在瞳孔中画出若隐若现的高光。乍看起来，它们像是那种你可能会挂在墙上的肖像画（它们当中的大多数现在也确实挂在美术馆和展厅的墙上）。但实际上并不是这样的。这些肖像其实是画在棺材上的。它们大多已经从原来的棺木上被移走了，但仍有一些还被完好地保存在原处。

其中一具棺木属于一个叫作阿特米多若斯（Artemidoros）的年轻人，他逝世于公元2世纪初，出土于埃及中部的阿瓦拉。除了他的面部肖像以及旁边的文字与图案，我们对他几乎一无所知（无法确定X光照出的他头颅上的裂痕是在他生前还是死后造成的）。精致的棺木暗示了一个富有的家庭，而棺木上华丽的装饰展示了一种国际大都市派头的死亡和生前的生活方式。他的木乃伊是埃及、希腊和罗马传统的完美结合，古代地中海文化融合的绝好例证。棺体上画的是典型的埃及场景：躺在榻上的木乃伊以及

13、14、15. 罗马治下埃及时代的三幅木乃伊肖像，现在已经与它们原来所在的棺体分离了开来。虽然绘制于公元 1 世纪晚期到公元 2 世纪早期之间，它们看起来现代得令人吃惊。从他不寻常的头冠判断，左上方的男人可能是一位祭司。右边的女人在画中穿着紫色裙子（耳环上的白色亮点表示反光）。下方的年轻女人像中内容尤其丰富，她头戴花环，佩戴着加嵌在金色叶子上的珠宝。

埃及神明中典型的兽头图案。他的名字是个希腊名字，被用希腊文写在他的前方——"阿特米多若斯，再见"（虽然"再见"不慎拼写错误）。他的面部却是一幅罗马肖像。

尽管其他的许多文化当然也曾绘制过面部肖像，但只有罗马人会为这种肖像赋予独特的个人风格。罗马绘画是一种具有高度复杂性和创新性的复合体，常常与希腊式的表现风格展开对话，甚至在其基础上进一步发展。而肖像创作又深植于罗马传统，尤其是丧葬仪式之中。通向首都的路旁渐次排开的坟墓，以逝者的头像迎接着往来的访客。更引人注目的是，精英阶层的丧葬队伍会由戴着面具扮演先祖的家人们组成（他们也穿着每位先祖特有的服饰）。富有的罗马家庭里，中央厅堂几乎就是逝去的先祖们画像的陈列馆。事实上，如果我们追溯罗马人肖像传统的起源，会发现其中的一个源头就是个关于失去的故事：这种失去指的不是死亡，而是另一种辛酸的失落。

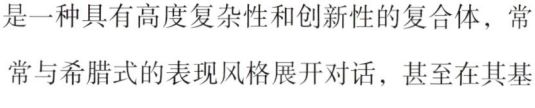

这个故事能流传至今，全是因为它被一位极其博学的罗马人，老普林尼（Pliny "the

我们如何观看?

Elder",这样称他是为了和另一位"小普林尼"相区分)编纂进了他巨大的百科全书。由于过于靠近那座毁灭但也保存了庞贝古城

16、17. 阿特米多若斯相当出色的自然主义风格肖像画,被放置在棺木上惯用的传说场景画和木乃伊之上(见左图)。肖像显然暗示了这个年轻人生前的样貌,并且探究了"个人肖像画"这个概念的意涵——虽然我们当然无从知晓这幅画到底有多写实。

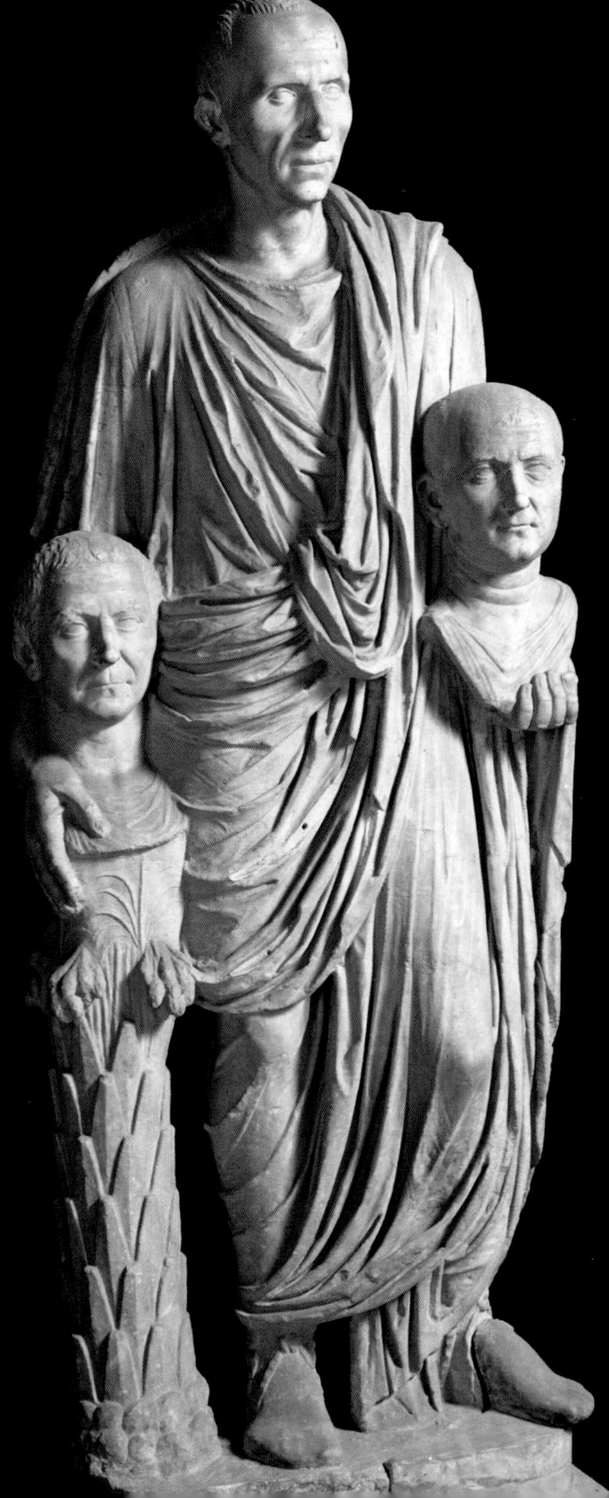

的维苏威火山，他于公元 79 年不幸身亡。他在关于不同艺术形式起源的讨论中，将一位年轻女性置于重要位置，她是早期肖像艺术背后的创造天才。据说她的爱人即将远行，在他出发之前，她举起灯盏，将他的影子投射到墙上，再沿着他影子的轮廓画出剪影。这个故事为我们留下了各种难解的谜团。我们无从知晓这个故事是于何地、何时发生的（普林尼将故事的背景设定到了早期希腊城市科林斯）。虽然这位年轻女子是故事的主角，但她的名字我们却不得而知，只能根据她父亲的名字将她称作"波塔德的女儿"（Boutades' daughter）。波塔德就是之后根据剪影为这个人物制作出陶制雕像的匠人——其作品也被称作史上最早的 3D 打印肖像。无论故事的背景究竟如何，一些罗马人在讲述它的时候，至少会去想象：肖像制作最初产生的缘起，并不是为了记住或者纪念某个人，而是一种在我们的世界里留住某人踪迹的方式。

　　阿特米多若斯的面部肖像也有过类似的功能。一些棺材上的家族徽记已经磨损，甚至有些上面还有孩子涂画的痕迹，说明至少在某些时间段里，它们是被暴露在现世的地面上的。在最终埋

---

18. 一尊公元 1 世纪早期的罗马大理石雕塑，刻画了一个男人，他手持两个头部塑像，可能是他祖先的头像。这尊人像的身份无从考证（存在许多说法，而且头部塑像也是后来的重制品），但它无疑在罗马上流社会肖像文化中占据了重要位置。

入地下之前，它们可能在家族的祖屋占据着某个位置。它们构成了一种努力，想让逝者与生者共存，想要模糊此世与来世之间的界限。

---

19. 波塔德女儿的故事得到了许多后世艺术家的青睐，他们认为这是一个强大的创始传说。1793年，佛兰德斯画家约瑟－贝诺特·苏维（Joseph-Benoît Suvée）再现了这个年轻女人描画剪影的时刻，将艺术家的创造力和爱人的拥抱融合在了一起。

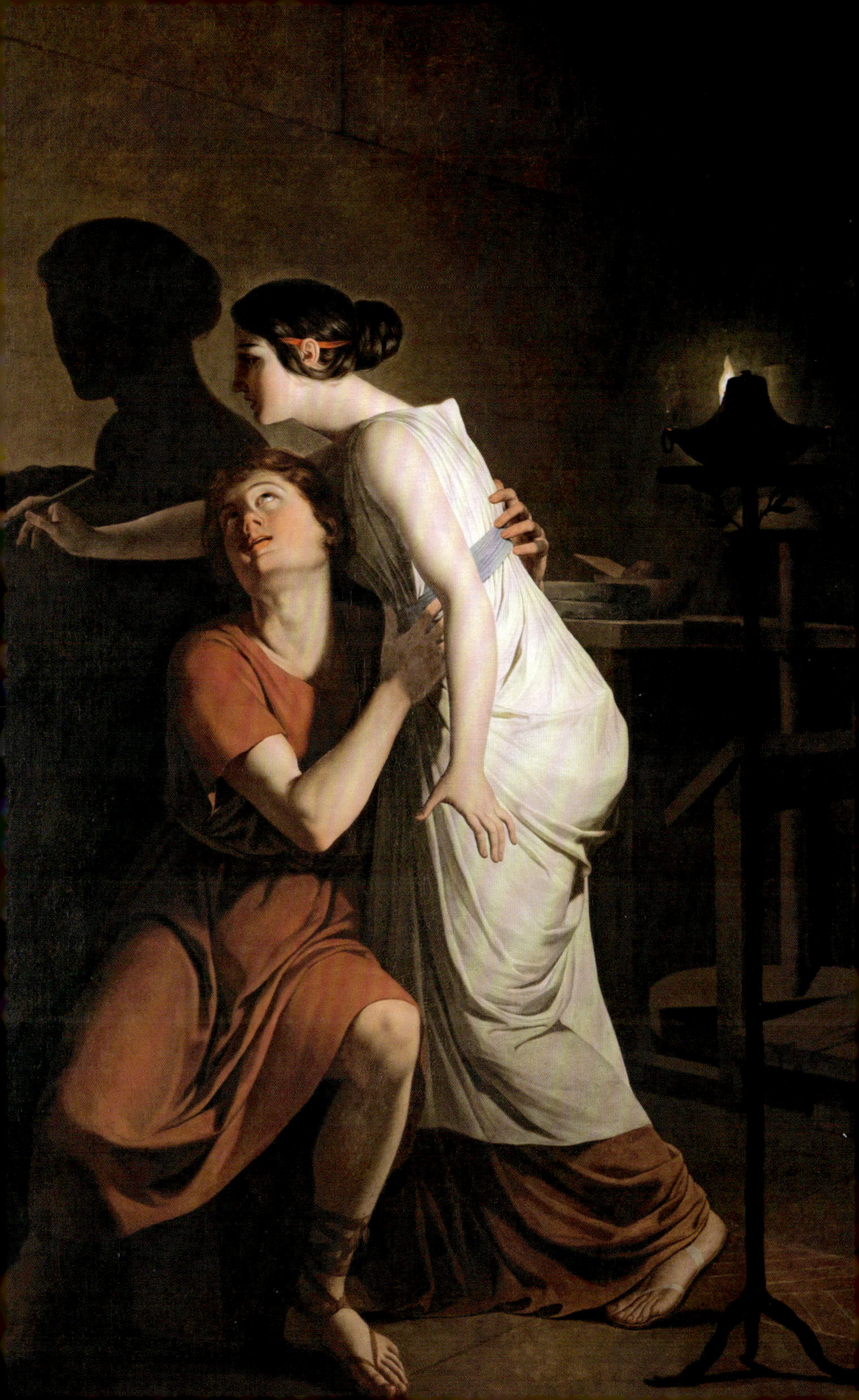

진시황

秦始皇

姓嬴名政始自稱皇乙卯即王位庚辰幷天下稱皇帝
在位三十七年居王位二十五年即帝位十二年壽五十

中国帝王，与形象的力量

　　然而总有一些形象，从被设计之初就没打算被人看见。如果肖像绘画和人体雕塑对于生活在它们中间并观赏着它们的人来说，具有至关重要的作用，那么那些花费了巨大的时间、金钱、精力和技巧才被制造出来，却将永远不见天日的形象，它们的作用又是什么？这就是在20世纪70年代出土于中国中部陕西省的，整个20世纪最宏大也最令人震惊的考古发现——数百个从中国第一位帝王秦始皇的陵墓中发掘出来的"士兵陶俑"——所提出的问题。该墓葬堪称这个星球上曾出现过的规模最大的雕塑群像。

　　秦始皇于公元前3世纪晚期在位，在很多意义上，他都是今日中国的奠基者，他统一了国土、货币和度量衡，建设了道路和

---

20. 19世纪韩国人对中国第一位帝王形象的再现。他在世时的所有肖像都已经失传。

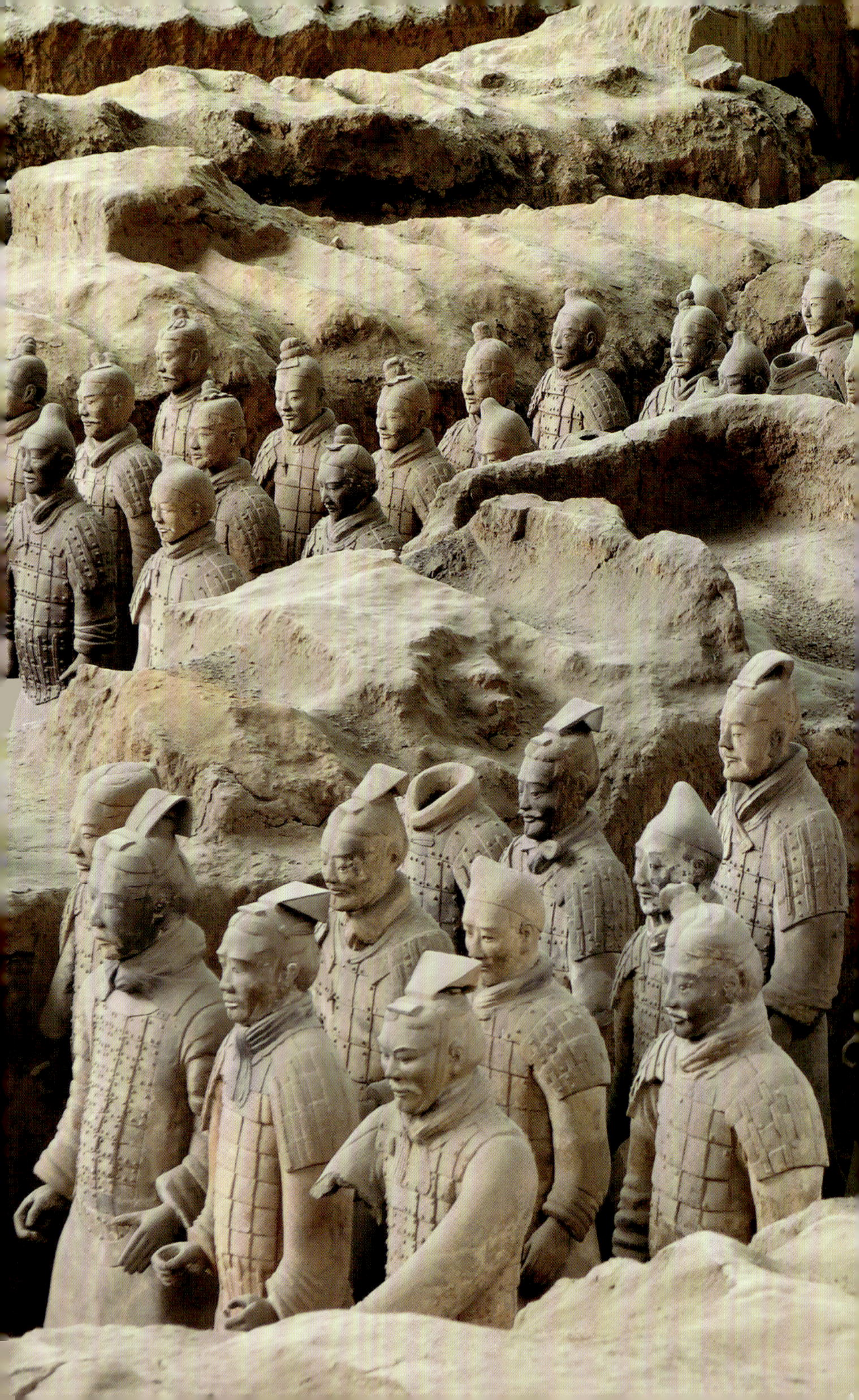

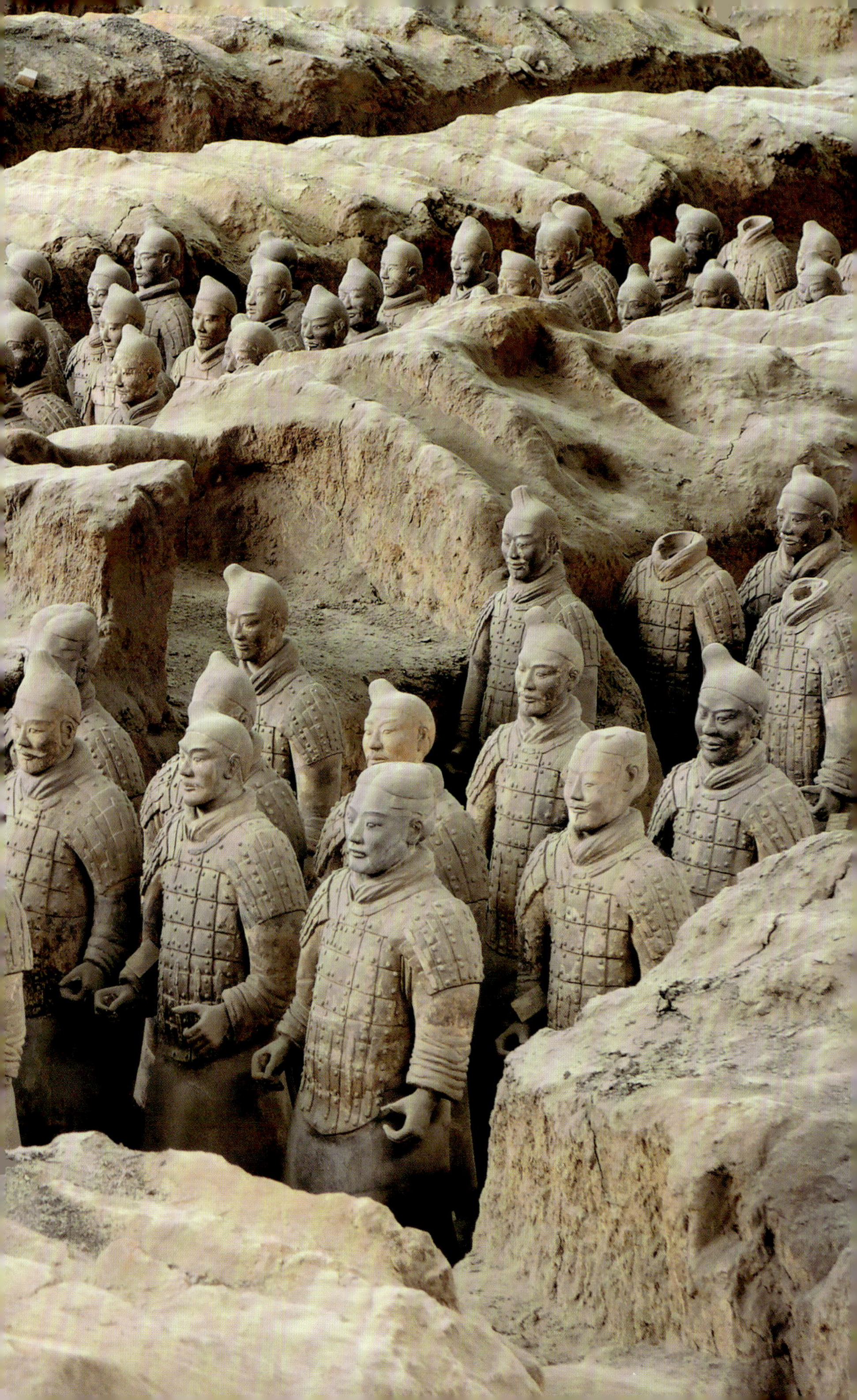

交通，建立税制，并整顿了军事力量。这和大约同一时代在地球另一端发生的事件——罗马帝国势力的发展——惊人地相似。到了这位"始皇帝"王朝的200多年之后，可以说全球一半的人口都生活在罗马或中国治下。当时颇有一些奇异记载，来自往来于两国都城之间的困惑的使者（更不要说那些更为荒诞不经的故事：罗马作者们想象中国人可以活到200岁；中国作者们继而又宣称罗马统治者住在水晶柱筑成的皇宫里，并且每个罗马人都是杂耍高手）。但没有一个罗马帝王能够享有秦始皇这样的丧葬规模。公元1世纪的奥古斯都（Augustus）和2世纪的哈德良也有庞大的陵墓，而且它们至今还是罗马城的地标（这两座陵墓在中世纪都被改建成了坚固的城堡，奥古斯都的陵墓后来又被改建成歌剧院）。但和秦始皇的皇陵相比，两者就都要相形见绌了。

秦始皇陵目前已经发掘的部分是一片压抑肃杀的景象：成排的陶土兵俑，曾经被鲜艳地着色过，现在却成了灰色的幽灵般的军队仅剩的残兵败将。他们代表着帝王的皇家卫队，与他一起被埋入坟墓，可以想象，其作用是守卫他的尸骨。在原有的7000尊兵俑中，目前出土的只有一小部分，是在离皇帝遗体至少1英里

---

21. 始皇帝陵墓中的一个"坑"，数目繁多的兵将们以守卫姿态列队立于其中。

之外的几个坑里，皇帝的遗体仍未被考古发掘（这要归功于中国考古学家的明智判断，他们认为最好让墓葬的中心部分维持原样，不要贸然开掘）。单是这些出土部分的总量就已经相当惊人，人像的细节处理也令人叹为观止。你可以清楚地看见每个兵俑铠甲上的甲片和铆钉，头部也被塑造得纤毫毕现，没有任何两个是完全相同的。它们有的长着下垂的小胡子，也有的是直须，有细心梳理的发髻，也有平头，面部轮廓也各不相同——更不要说款式各异的鞋、靴以及随将士级别而各自不同的铠甲。

这种令人惊叹的个性化，其实并不像你一开始看到的那么简单。诚然，每尊塑像看上去都各不相同，但工匠们制造出的这种"不同"，实际上也是遵循一套程式操作得到的。每个兵俑都是由多个部分拼接而成的，最后安放上头部。而各异的面部特征也是由一组有限个数的元素以不同方式组合的结果：比如，实际上只有几种不同的眉毛样式或者须型，但它们由各自不同的组合方式拼在了一起。它们不是我们常规意义上的"肖像"。一位考古学家巧妙地形容说，它们的面容很像真人，但却不像任何一个具体的人。对我来说，关于它们还存在着另一个悖论：它们显示出一种高度标准化的个体性。换句话说，它们挑战了所有关于"真实肖像"的简单概念，指向了"相似"的其他可能性。

关于这些人形雕塑的作用，向来众说纷纭——有人说它们是用来代替那些在之前更为残忍的时代里要为帝王陪葬的人殉,也有说法认为它们并不是我们今天意义上的"代表物"(representation),而是在死后的另一个平行的、不可见的真实世界里守卫帝王的真实军队。但这些都是猜测了。只有一点是肯定的:无论是墓穴的规模、复杂程度,还是所有艺术上的细节,都

22. 各不相同的兵俑和铠甲的细节,包括款型各异的铆钉,都让人第一眼看到就叹为观止。但它们其实没有看起来的那么"个性化":它们是由数个标准化组件以不同搭配方式组合拼接起来的。

我们如何观看？

无可辩驳地彰显着帝王的权力；无论是生前还是死后，都有大量的人力物力供他掌控和差遣。而这种彰显又被另一个事实进一步强化了：这所有的努力都是付之于一项原本就没打算再被任何人看到的工程。

　　情况很可能就会是这样。然而，远远早于兵俑被考古学家发掘之前，也就是在这位帝王刚刚下葬几年后，很大一部分的兵俑就被损毁了，这件事可就不像关于兵马俑的其他故事那么广为人知了。当我们现在观赏这些人像时，我们实际上看到的是同发掘

工作一样伟大的考古复原的胜利。这些兵俑刚刚被发掘出来时，几乎都是残片，而且并不是毁于自然磨损。因为始皇帝一死，反抗秦王朝的起义军就直捣他的陵园，销毁掩埋了它们。而正是在这种急切的毁灭欲之中，这些人体形象的力量才最为清晰完整地得到展现。

超大型法老

在中国始皇帝在位的 1000 多年前，塑像和画像也在埃及法老身后世界的权力彰显中起着重要作用。那两尊被哈德良和他的同时代人认为是英雄门农的巨大雕像，实际上是作为法老阿蒙霍特普三世的形象来塑造的，立在他的陵墓之外，向世人炫示着他的主权。但在古埃及，尺寸巨大的大规模塑像不仅是用来昭示帝王的身后威仪，更是关乎活着的君王此时此地的力量。没有哪位法老比拉美西斯二世（Rameses II）在自我形象的生产上下过更大的气力了。拉美西斯二世大约生于公元前 1300 年，比阿蒙霍特普晚约一个世纪。他为我们提供了"专制君主试图通过生产和传播自己的形象来强调他对权力的掌控"这一现象在古代世界——甚至

---

23. 拉美西斯神庙在 19 世纪的一张照片，四座冥神俄赛里斯（Osiris）的雕像组成其神圣的门面。

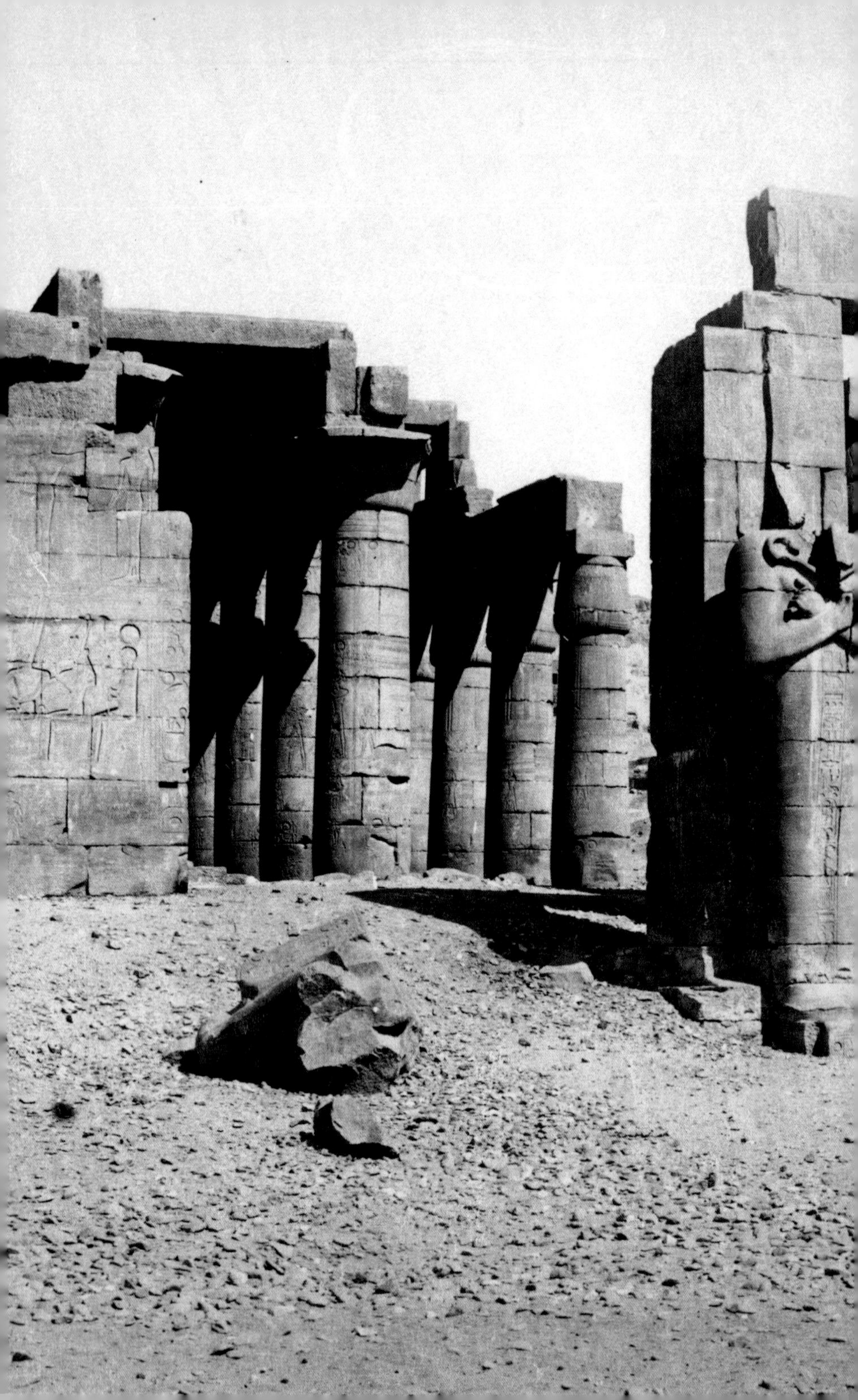

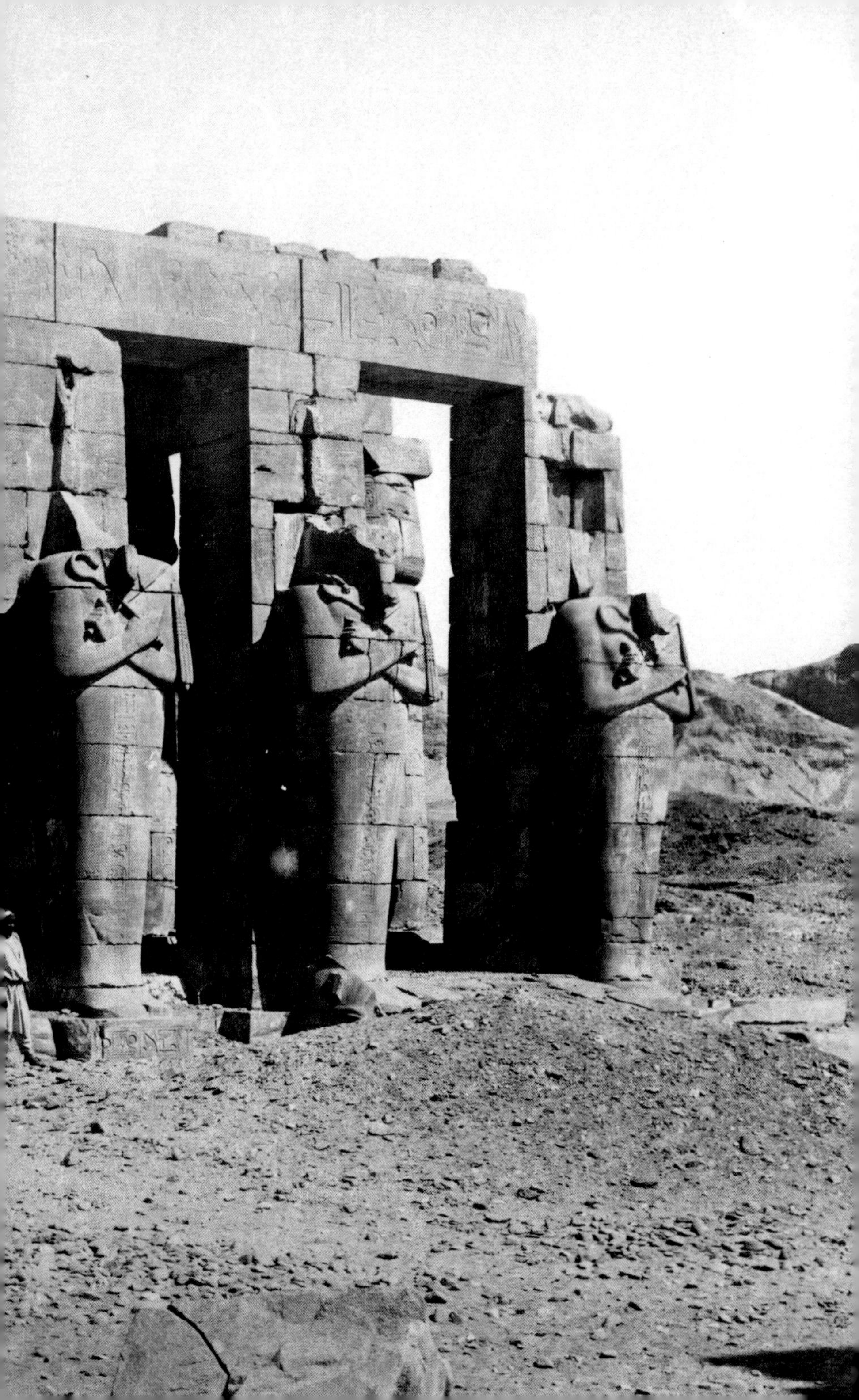

直到现代世界仍是如此——最为著名的例证之一。在这个过程中他向我们提出了如下问题：观看者们对这些雕像做出了怎样的反应？而这些观看者又是谁？

他陈列自己形象的一个地方就是陵墓暨神庙——即所谓的拉美西姆（Ramesseum）——这座建筑在他在世时就矗立在尼罗河岸边了，着实堪称一个肖像工厂。墙上刻满法老高歌猛进的征战画面，庭院里至今仍遍布着他的画像。在某些战争画面里，统治者的形象被塑造得比任何其他人都要大，他践踏着渺小的敌人，甚至在那些我们知道他充其量只是无功而返的战役里，也是被如此描绘的。正是关于拉美西姆和拉美西斯塑像遗迹的书面记载，激发了19世纪早期诗人雪莱（Shelley）的灵感（他并没有见到过实物），用一首英语历史上最为大众熟知，但很多人都无法记住确切词句的诗歌《奥兹曼迪亚斯》（"Ozymandias"，即拉美西斯的希腊名）来表现专制君主权势的短暂易逝。他写道："两条巨大的石腿，半掩于沙漠之间……"而旁边就镌刻着那段著名的题词："我是万王之王奥兹曼迪亚斯。功业盖物，强者折服！"

雪莱在诗中想要表达的是，无论拉美西斯如何骄矜地夸耀其伟大，他的权力最终都将消失殆尽。事情在某种意义上确实是

---

24. 位于卢克索的神庙外墙，被法老巨大的坐式雕像所占据——很难说这种尺寸上的浮夸究竟是出于自信还是焦虑的表现。

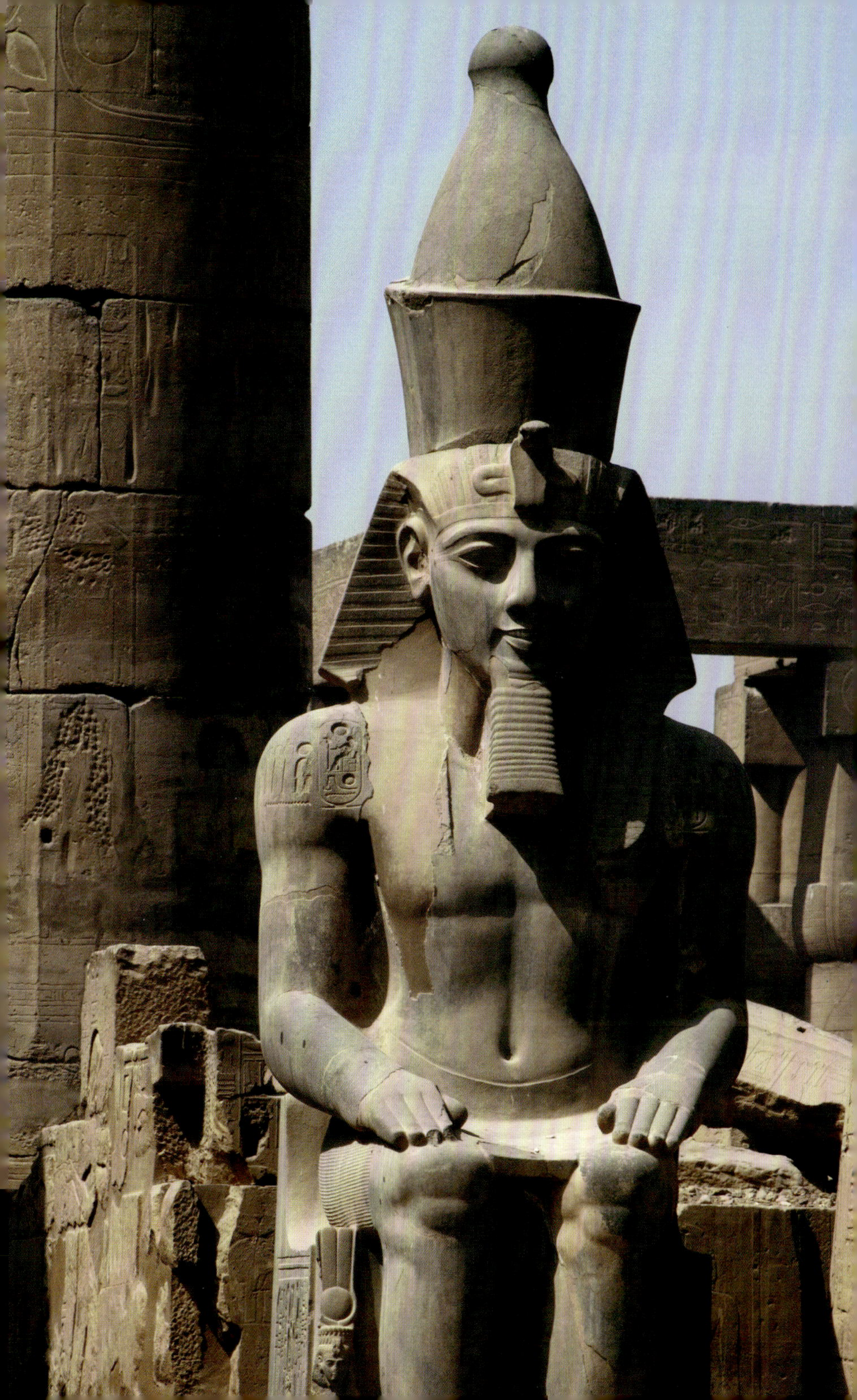

这样的。但正如这首诗歌本身所显示出的那样，雕塑（颇具讽刺意味地，还有这首诗歌）的确为拉美西斯赢得了久远的名声，它们不仅位于这座拉美西姆里，也被放置在几英里外的一座更早期的神庙中。他重修并将自己的形象饰满了那座神庙，那里也成了当代卢克索最著名的旅游景点之一。在它的前门处坐落着两尊巨大的法老坐像，是常人的四到五倍大，不断提醒着我们尺寸可以有多么重要。它们充斥着我们的视野，巧妙地暗示出如果它们愿意为我们起身，甚至还会更加高大。它们是埃及统治者永存与不朽的形象的外化形态，而现代世界也全盘接受了这一点——无

25. 图片清楚地显示了我的身形在塑像旁显得多么渺小。但这里传达出的关于权力的信息，无论是对于埃及普通人，还是对于身形其实也和常人一般大小的法老王本人来说，都是一样的。

论这位或其他法老在现实中的权力统治是多么脆弱、混乱，或直白地说，低效（我们总是倾向于过度美化过去的——甚至是现在的——帝国统治者运用其权力的效验）。当人们行经这座3500年前的卢克索神庙时，他们必然会清楚地接收到它传达的信息。

但无论雕像中的这种"政治宣传"意味有多么明显，事情总是有其另一面的。首先，如果我们看见今天的独裁者为自己树立起如此浮夸的袒胸露乳的塑像，定会嘲笑和揶揄之。权力越是急于在其观众面前炫示自身的存在，它就越难得到人们的严肃对待。即使是古代的观看者们面对这种当权者的强势推销，也不会天真地照单全收。就算有些人的确会为这些雕塑大为惊叹，我们也完全可以想见，另一些人必会在路过它们时忍俊不禁，甚至不屑一顾。归根结底，权力的造像之所以能够具有力量，全赖其观看者的允许。而当我们在谈论观看者的时候，谈论的又是些什么人呢？

任何一个当时的埃及人，无论男女、贫富，是奴隶还是自由人，都看得到这些端坐在神庙立面上的巨大法老。但在神庙内部深处——普通人不被允许涉足的领域——还有更多同样巨大的拉美西斯塑像。这些又是要给谁看的？一些人认为，这是在向被准入这片空间的宗教和政治精英们展示法老的权力，提醒他们谁才是那个说了算的人。因为统治者最大的威胁往往来自他的身边。还有人试图用另一种方式合理化它们的存在，认为这些雕像不是给人，而是给神灵看的。但他们都忘记了一个最重要的观看者。

那就是法老本人。我们这些对至高的权力没有概念的普通人往往会忘记，对于一位君王或独裁者来说，要相信自己的确是这样一个人是件多么困难的事。真正最需要被说服自己比常人卓越的，莫过于一个装扮成全能统治者的普通人。这正是为什么通常我们会在宫殿里看到比其他地方更多的身着华服的国王王后肖像。这也是一些最著名的罗马帝王肖像都出现在皇帝家族的财物之中的原因。埃及也是如此，法老本人下令大规模建造的纪念像，也有力地让他们自信拥有法老神权。这样来看，通常意义上的"政治宣传"就有了一重全新的含义：这些巨大的"身体即权力"的造像，其目标受众之中，至少有一位恰是下令建造者自己。

希腊革新

在人体造型艺术的历史上，类似拉美西斯二世雕像那样的作品除了彰显权力之外，还为后世留下了另一种非常不同的艺术遗产。这种风格的埃及雕塑——无论是法老尺度上的巨大雕像，还是关于各种题材的小型雕像——都极有可能影响了后来古希腊的大型人像艺术。大理石人体塑像，无论是真人大小还是更大的那些，都是在公元前7世纪的希腊突然出现的。我们无从知晓这种传统是如何兴起的，不知道它何以如此迅速而明显地完全成型。希腊在此前也有一些小型的雕塑，包括一系列值得注意的史前人像，大约至少可以回溯到公元前3000年，但它们和我们在后面的这个时期看到的雕像截然不同。对此最合理的解释是，希腊雕塑家学习并改良了他们在埃及所见到的，以及在与埃及艺术家的交流中学到的艺术形式。诚然，埃及雕塑和早期希腊雕塑确有一些差异。埃及雕像中的男性都是着装的，身上至少会包裹着少量的衣服，而希腊的男性雕像通常是裸体的。另外，来自近东地区艺术的影响也不可忽视（希腊雕塑中一些细节的处理，比如女性的发型，看上去就和早期的小型叙利亚作品更接近）。然而，它们与这些埃及巨型石像总体上非常相似的站姿——一条腿直直地立在另一条腿之前——很难找到源于直接接触或灵感启发之外的解释。

这些早期希腊人像——静态的大理石男性，偶尔还会出现身材如平板般缺乏曲线的女性——现在大部分都陈列在博物馆的展厅里，这让人很容易忘记这些人像最初大多是为户外展示而设的，

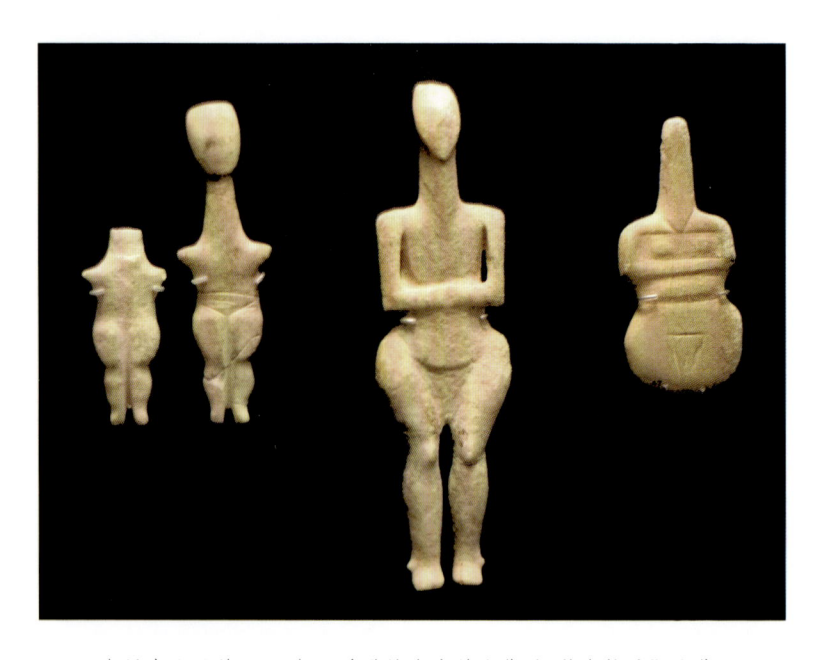

26. 至少早在公元前3000年，希腊就有史前人像（"基克拉迪"人像，得名于基克拉泽斯群岛）的古老传统了。但这个地区最早的"古典"艺术看起来是与这一传统完全断裂的。

我们如何观看？

27、28. 这些人形雕像——左边的是埃及的，右边的是早期希腊的——显示出这两种雕塑传统的相似之处（站姿和紧握的拳头）。但其间也有重要的差别。很明显地，希腊男性塑像几乎都是裸体的，这点就与埃及非常不同。

无论是墓葬雕塑（普拉斯科莱雅）还是宗教神殿内的供奉。但希腊纳克索斯岛上的一座采石场里仍有一座未完工的雕像被遗留在

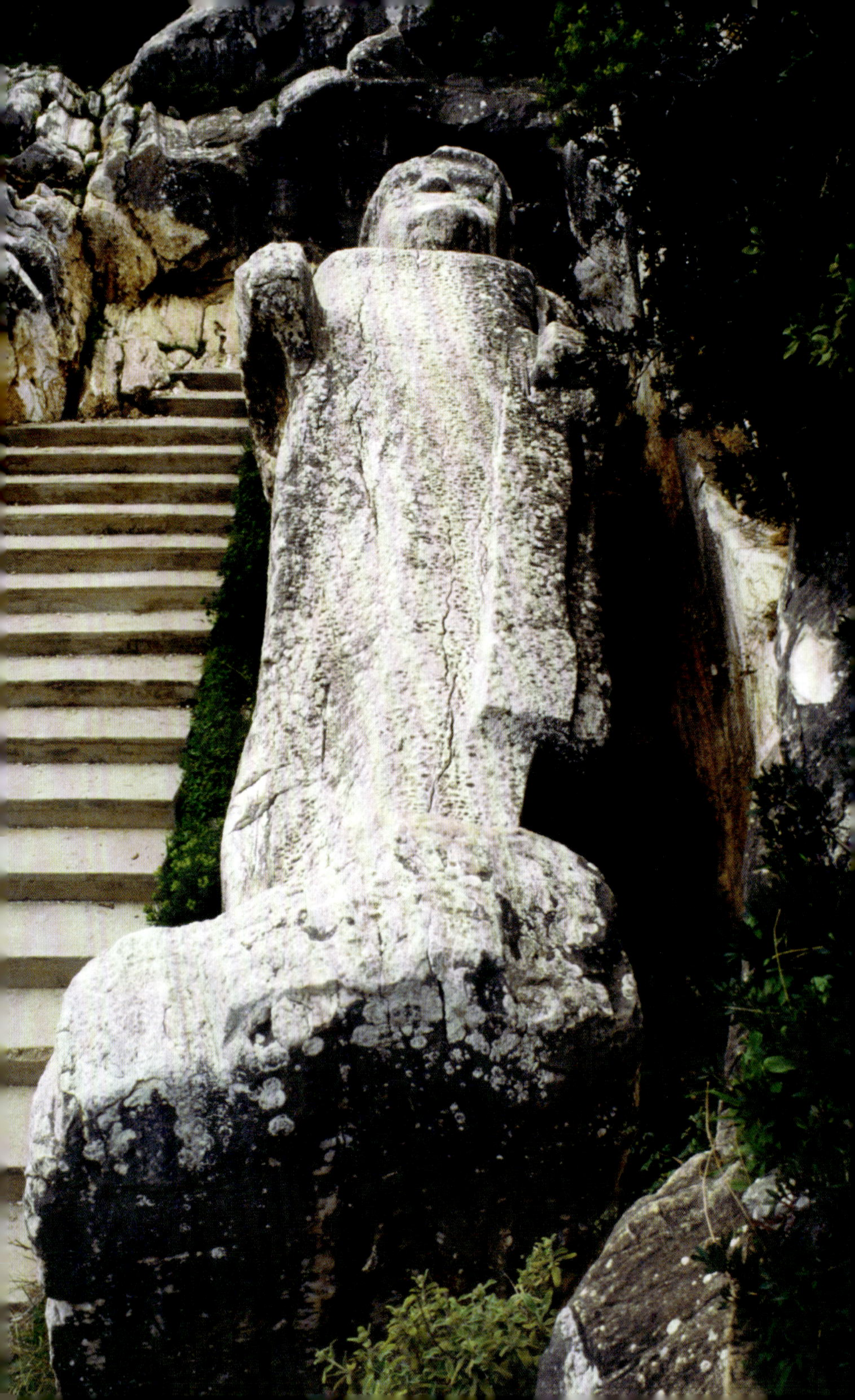

户外，该雕像很可能制造于公元前7世纪晚期。

　　纳克索斯以出产灰蓝色大理石而闻名。这种大理石的颗粒粗糙，便于开采加工。用它雕出的人像通过水路运往希腊各地，但这尊雕像——现在被人们以离它最近的村落名字命名为"阿波罗纳斯巨像"（Colossus of Apollonas）——却没能离开这个岛屿。如果它得以完工，将超过30英尺高，成为现存的古希腊最高的雕像。但在它的制作过程中一定是哪里出了些问题：可能是大理石产生了裂缝，或许是关于工作合约发生了争执，再或许就只是因为如此巨大的尺寸让雕刻者感到力有不逮。像其他所有这类未完成的作品——米开朗琪罗（Michelangelo）的《囚徒》（Prisoners）可能是其中最著名的例子——一样，这尊巨像身上也带着一种奇异的吸引力，令人有些心神不宁，因为人形才刚刚从天然岩石里浮现出来，就被迫停止了进程（让人不禁想脱口而出"2500年里都不曾移动半步，真是够顽固的"）。我们能清楚地感觉到，他的双腿正要以当时雕像特有的姿势站立起来，却被永远地固定在了原处，而且这个人像可能不同寻常地蓄着胡须。但这尊"巨像"也让我们得以窥见早期希腊雕塑家是如何工作的，

---

29. 这座未完成的雕像今天仍躺在它最初被雕刻出来时所在的坑里。千百年来，它一直是纳克索斯当地的重要地标和集会所，也是世界上极少的几座欢迎参观者攀爬并坐在上面的古希腊雕像之一。

文　明　I

以及在每次可能长达数月的工程里，全程一共需要多少人手。大理石上的每个小凹坑仍清晰可见，这是由几十甚至几百人组成的施工队伍开采或凿刻留下的痕迹。而把塑像从位于高高山坡上的采石场拉到船上，也需要同样多的人手（可能最后的细节雕琢还

30、31、32、33. 这四尊雕像总结了希腊革新的轨迹。左边是公元前 6 世纪僵硬、近乎平板式的风格，和右边公元 5 世纪造型和动作都刻画得细致入微的雕像形成鲜明对比。

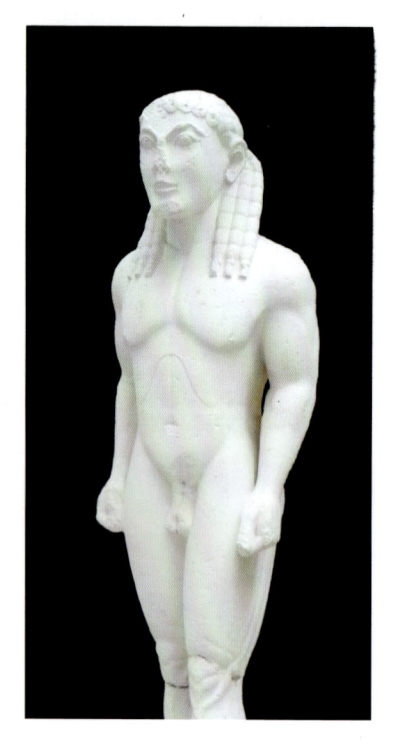

要留待在目的地完成)。

　　但这只是希腊雕塑故事的开端。这种所谓"古风时期"的人体呈现风格,很快就让位给后来者了。公元前6世纪到公元前5世纪时,之前刻板的人像,被形式上更加大胆的实验所取代。雕塑们像一下子有了生命一般,能动,能舞,还能投掷长矛抛铁饼。它们表现出了一种对皮肤之下肌肉的全新展现方式——就连那些被服饰重重包裹的女性也是一样——她们飘拂衣裙之下的四肢、胸部和躯干也被生动地呈现了出来。这场变化发生得极为迅猛而

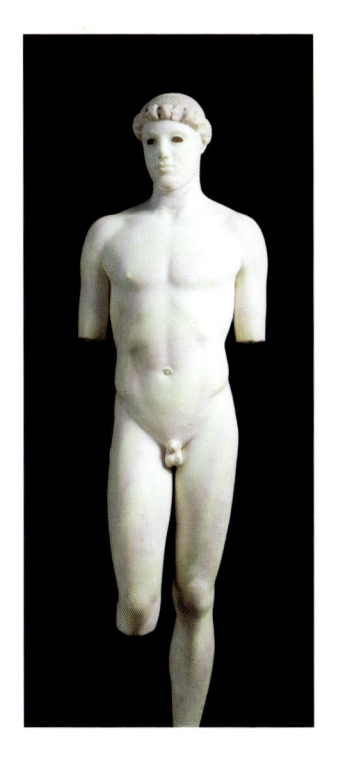

突然，现在我们常常称之为"希腊革新"，而其原因仍是整个艺术史上最大的谜团之一。人们提出过各种理论，不只关于革新的原因，还关于它和这一时期希腊其他的文化或政治变革——从戏剧的发轫到哲学的起源——间可能存在着哪些关联。但没有一种说法足够有说服力。我们当然无法将这种变化归结到背后的某个天才艺术家身上；纳克索斯未完成的巨大石像有力地提醒着我们，早期希腊艺术生产是一项群体性的社会活动。即便如此，变革背后的群体和社会原因仍然十分模糊。尽管有些理论提出了这样一种令人满意的想象：是早期的希腊民主和一种崭新的、关于"个人"的观念的共同作用，以某种方式启动了这整个进程。但这种解释与事情具体发生的年代顺序不符：艺术上的变革，早在民主显露痕迹之前就已经发生了。此外，虽然这种新式风格主要出现在民主形式日益变得激进彻底的雅典，但当时的希腊世界仍有大量地区是坚决拒斥任何意义上的民主制的——而这些地区却也卷入了这场艺术风格的进化。

我们可以更清晰地看到的是，这场"革新"在之后的一个世纪里，在希腊和罗马世界中造成的结果。在这个过程中，罗马并不像人们在叙事中经常呈现的那样，只是希腊艺术传统的照搬模仿者。他们自己也是技艺高超的艺术家和改编者，正是他们将后来成了"希腊-罗马"混合体的艺术风格传播到了帝国各处。这种起源于6世纪希腊的对人体形象的特别专注，后

34. 这位精疲力竭的拳击手把头扭开，不看我们。解开他身份之谜的钥匙，就是他手上的拳击手套，以及伤痕累累的身体。

来被发扬到了极高的水平，产生出了许多西方艺术史上最负盛名的艺术品。

这种风格有一个特别值得一提的例证，就是1885年在罗马市中心，图拉真纪功柱附近的奎里纳尔山坡上发现的拳击手青铜像。当时，统一后的意大利正在大规模地将其首都建设成一个现代城市，而在为新房开掘地基和市政建设过程中发掘的古董被源源不断地送入这个城市的博物馆（仅在19世纪70年代到80年代之间，某间博物馆接收的大理石雕像就有192尊）。即便在如此大量的珍贵发现中，在建设一座新剧场时出土的青铜"拳击手"，仍然激起了巨大的反响。一位目睹它出土的在场者这样说道："在我漫长的实地考古生涯中，曾经亲见许多发现……我有时……也遇到过真正的杰作，但看到这件伟大的作品时，它还是给我留下了前所未有的深刻印象。"

我们已经无从了解这尊拳手像的早期历史。因为青铜像的制作技术在很长一段时间里都是稳定的，我们很难确切判定古代世界的青铜塑像具体铸于何时何地。这件作品发现于罗马，但它可能是在希腊制作的，可能诞生于公元前3世纪到公元前1世纪之

---

35. 拳击手的面部、他眼睛下方的疤痕和流血的伤口显示出他曾经受过的重重创伤。这些都是用不同合金细心塑造出的效果。他的眼睛可能曾经是用玻璃或另一种金属制作的。

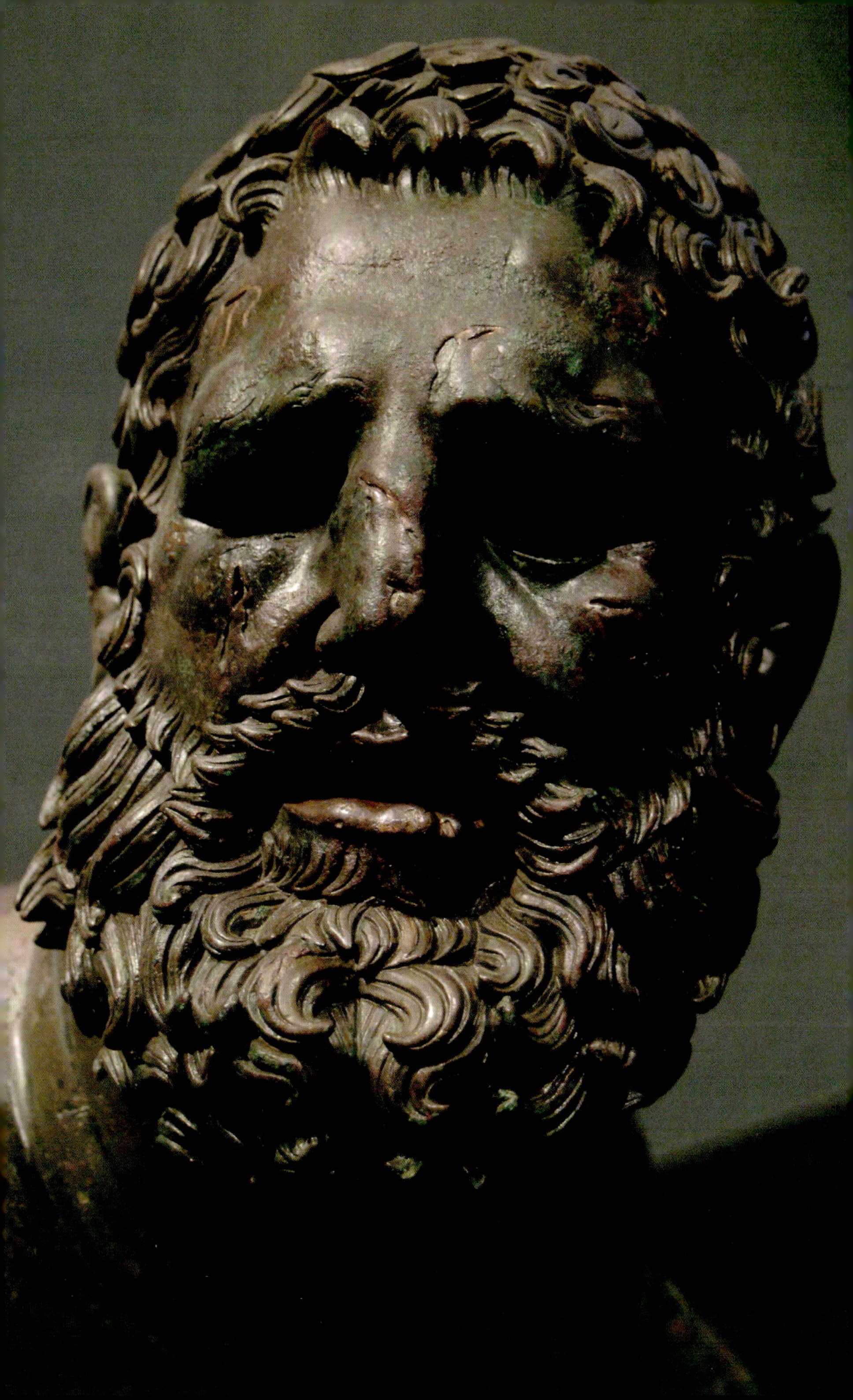

间的任何一个时间点。但无论它的起源如何,它都不仅仅是一项惊人的艺术成就,同时也让我们从中看见"希腊革新"所汇集并

36. 这尊古老的拳手像在某种方式上预示了乔治·贝洛斯20世纪早期作品中现实主义风格的拳击场景。在这幅画于1919年的作品中,贝洛斯既承认又贬损了"职业拳赛"的魅力。

发展出的那种对于人体的关注，不仅表现在那些年轻或形体完美的运动健将身上，更塑造了这样一位伤痕累累的年长拳手。拳击一直是古代运动项目中的重头戏，而这尊雕塑的寓意是：这个人必然一度拥有强健的体魄，但现在却已伤痕累累、饱经风霜。这位不曾留下名字的艺术家把目光聚焦到一个残缺衰败的人体上，将自己的技艺奉献于塑造在残酷攻击中被打折了的鼻梁，和耷拉得如同花椰菜般的耳朵之上。实际上他的新伤看起来仍在流血。血液是用红铜表现的，面颊上的瘀青用的则是另一种色彩略有不同的青铜合金。这些青铜材料几乎像是变成了这个男人的皮肤一般。

我们容易想当然地认为这种"现实主义"是很正常的（因为我们已然继承了这一整套惯例），或者甚至从中看出社会现实主义的雏形，将它与20世纪早期艺术家的创作风格联系起来。我们通常不会认为古典时代就有了社会现实主义，但在某种意义上，这件作品的确可以被归入这一范畴：不只因为血痂和伤口的逼真性，更重要的是当这个男人孑然一身地坐在那里时，所完全沉浸于其中的那种情绪的崩溃感。这件作品还有更深的含义：在聪明的艺术技法之外，它还暗含了一种对古代完美"身体文化"的批判。在一个对年轻的运动员体魄顶礼膜拜的世界里，所有这些富有表现力的生动细节都在提醒着我们：健美的身体和伤痕累累的残缺身体之间，只有一步之遥。这件艺术作品直指古典文化残酷而尴尬的一面。

　　拳击手像固然是一件杰作，但它也提醒着我们，当我们审视"希腊革新"时，要看到其中的复杂性，而不是仅仅把它视为一场艺术上的胜利。第一点，也是常常被忘记的一点，就是它的成就背后，同样蕴含着损失。所有革新都有其负面效果。在这个事例中，我们只需回顾一下那位尚未结婚就去世的普拉斯科莱雅的非凡的纪念雕像，就能清晰地看到其中的一种损失。她的雕像塑于这场艺术变革之前。如果是塑于100年之后，她就不会像现在看到的这样，紧捏衣裙的样子就像捏的是一团黏土而非纺织品；她衣服的褶皱会更加精细，垂坠的质感会更加自然逼真，并展现出衣料之下的身形；而她自己的体态也会变得比这种板状的站姿更轻盈灵动。但倘若是那样，她就不能如此直接地面对我们，像是在向我们献上礼物，或是与我们对视一般。

　　这种直接性，正是"希腊革新"中丢失的东西。后来的雕像可能比普拉斯科莱雅更柔软灵活，在姿势的表现上更加大胆，但都不能像她那样让观众着迷。事实上，如果你试着去直视它们的眼睛，它们中大多数的目光都是羞怯躲闪的，而且很多雕塑，都像拳击手那样完全沉浸在自己的世界里。这样，观者就从与作品交流的对话者，变成了一个带着欣赏眼光的偷窥者，而且在将这些雕塑转变成艺术品的方向上迈出了一步。普拉斯科莱雅是坚决拒绝成为艺术品的，她一点都不羞怯。

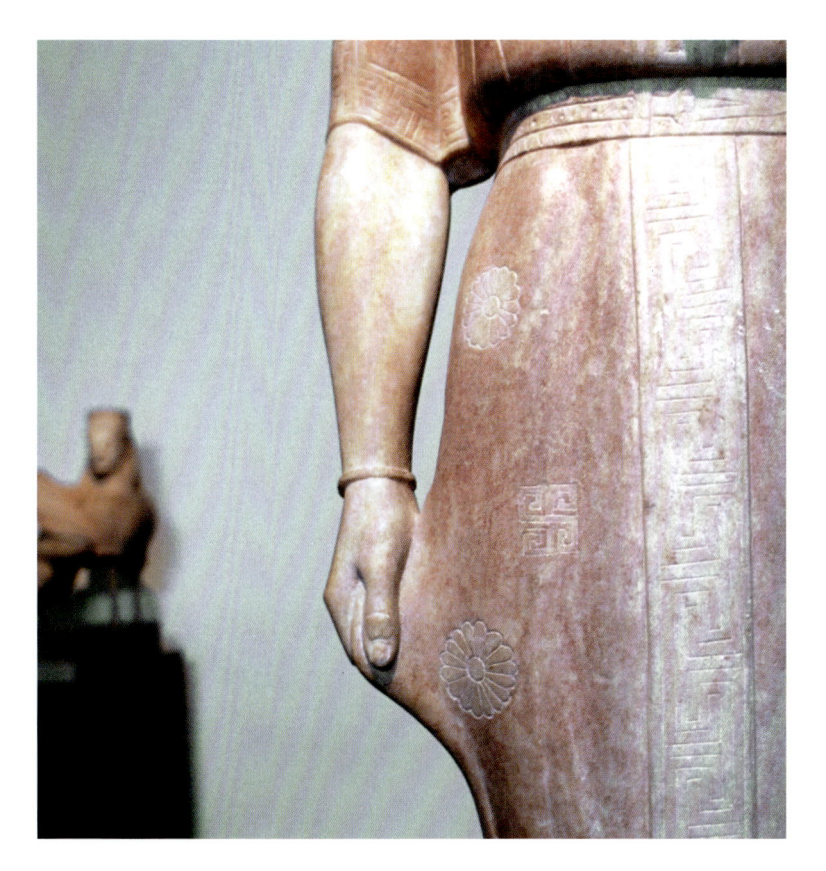

37. 真正的织物完全不是这样。但这个特写清楚地显示出仍然留存在雕像上的着色装饰的痕迹。

但当我们试图在活人,和他们看似"栩栩如生"的青铜或大理石塑像之间划定分界线时,更多复杂的因素就浮现了出来。在希腊罗马人的想象中,工艺制品和活人之间的界限是模糊而危险的——特别是女性裸体塑像会造成令人不安的后果。这类雕像在之后的一次革命性的发展中,第一次成了公元前4世纪古典雕塑的一部分。

大腿上的污点

希腊和罗马的作家多次探究过这样一个观念：艺术的至高形态就是对实在的完美描摹。换句话说，艺术成就的顶峰就是做到和原型毫无出入。这方面最著名的一桩轶事发生在公元前5世纪两位相互竞争的画家宙克西斯（Zeuxis）和帕拉西奥斯（Parrhasios）之间。他们作了一场比试，想要决出谁更技高一筹。宙克西斯画了一串极为逼真的葡萄，连鸟儿都被骗过了，飞进来啄食。这么高超的以假乱真技巧，按理说一定能取胜了。而帕拉西奥斯则画了一幅帘幕——此时自以为胜利在手的宙克西斯得意扬扬，催促帕拉西奥斯赶紧拉开它，好让大家看看他画得如何。把这件事记录在百科全书里的普林尼告诉我们，宙克西斯随即意识到了自己的错误，拱手让出胜利，他说："我只骗过了鸟儿，帕拉西奥斯却骗得了我。"

这件轶事里的画作即使真的存在过，也并没有留存下来。但的确有证据表明，在另外一尊雕塑身上发生了类似的故事——

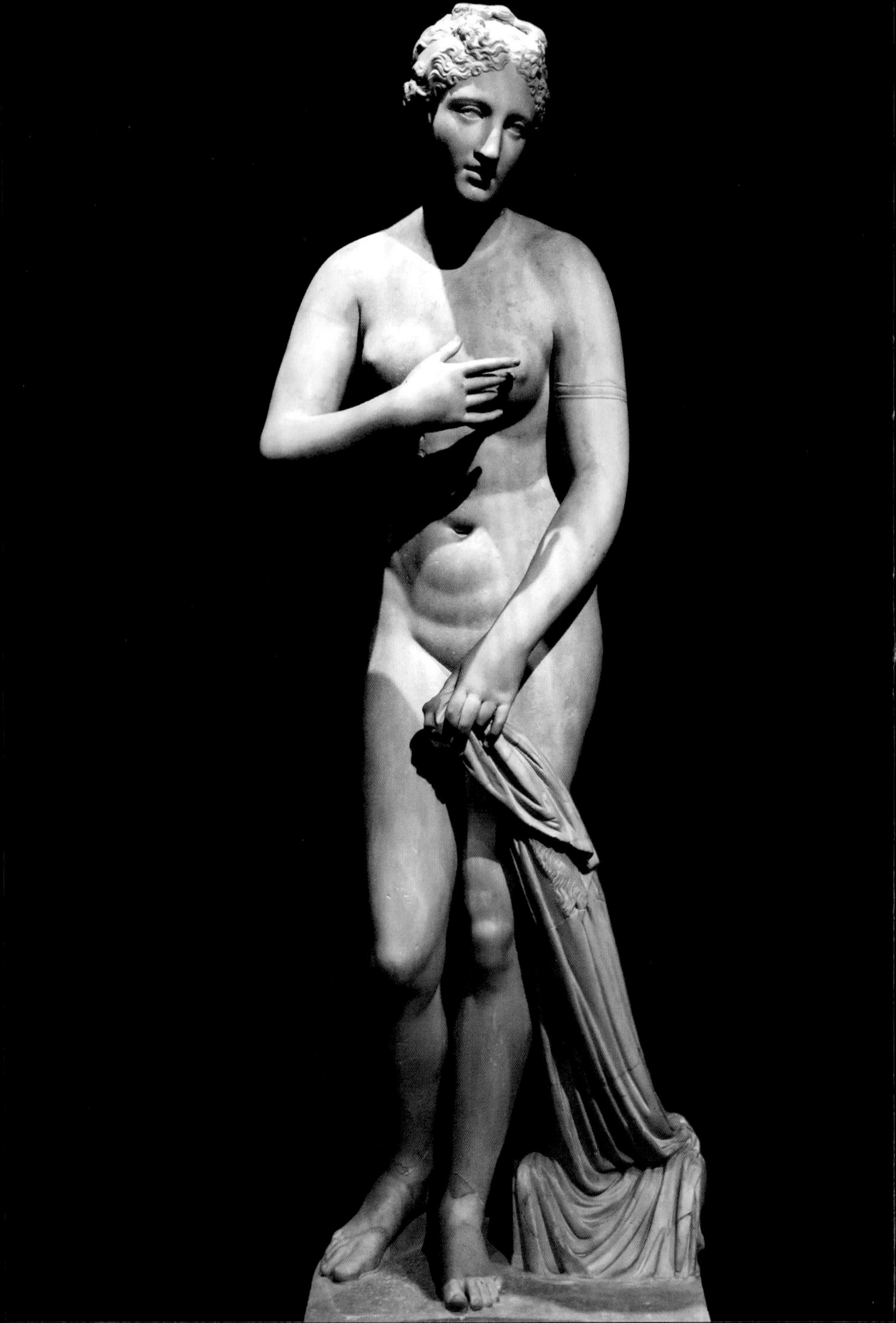

虽然故事本身远更令人不安。那是一尊由艺术家普拉克西特列斯（Praxiteles）在公元前330年左右制作的雕塑——这件作品现在通常被叫作"尼多斯的阿佛洛狄忒"（Aphrodite of Knidos），因为它起初被放在了位于今土耳其西海岸的一个叫尼多斯的（古）希腊小镇上，于是便因此得名。它被认为是古代艺术史上的一座里程碑，因为这是第一尊真人尺寸的女性裸体雕像（真正意义上如假包换的一位"化为凡人形态的女神"），在这之前的几个世纪里，女性的雕塑都像普拉斯科莱雅一样，是穿着衣服的。普拉克西特列斯的原作早已不知所踪。一种说法是它最后被送到君士坦丁堡，并在公元5世纪毁于大火。不过，因为它太有名了，所以古代世界各处都留下了它的仿制品，多达几百尊，有的规模与之相当，有的则是微缩版本，她的形象甚至还出现在了钱币设计中。这些仿制品大多数都被保存了下来。

今天，这种女性裸体形象已经处处可见，因此我们很难想见，对于公元前4世纪时它的第一批观众们，这个雕像是多么地大胆，他们当然还不习惯女性肉体的公开展示（在希腊世界的一些地方，

---

38. 罗马版本的"尼多斯的阿佛洛狄忒"。从她左手上垂下的衣物起着双重作用。一方面，它为她的裸露做出了"解释"（我们可以想象她是在刚刚出浴时被看见的），更实际的作用是，这个大理石部件充当了整个雕像的支撑物。

至少上层阶级的女性在现实生活中行动时，还是要戴面纱的）。即使是"第一座女性裸体雕像"这样的说法，相对于它的影响而言，也显得太轻描淡写了，仿佛这只是个一定会自然发生的美学或风格演进。事实上，无论普拉克西特列斯这个实验的动机究竟是什么（这是另一场我们不太知晓其起因的"希腊变革"），他都摧毁了关于艺术和性别的传统假定，就像马塞尔·杜尚（Marcel Duchamp）和翠西·艾敏（Tracey Emin）后来所做的那样：无论是杜尚把小便器变成一件艺术品，还是艾敏那个叫作《我睡过的每一个人》的帐篷。如果在当年土耳其海岸旁的希腊岛屿科斯，这位艺术家刚刚创作出的阿佛洛狄忒像被它的第一位客户婉拒说，"不，谢谢"，客户转而选择了其他衣着更保守的作品，也是不足为奇的。

裸露还只是这件作品特质的一个部分而已。令这尊阿佛洛狄忒与之前所有雕像截然不同的，是她身上确定无疑的情色意味。仅仅是双手的姿势就颇具暗示性：她是感到害羞，想要拉起衣衫遮住自己的裸体吗？还是在指向观看者最想看的地方？抑或是在以诱惑性的手势挑逗观看者？无论答案如何，普拉克西特列斯都在这尊女性雕像和一位我们可以假定为男性的观众之间，建立了一种紧张的关系，这种关系自此之后从未在欧洲艺术史上消失过——而就连一些古希腊观众自己都对其再清楚不过了。因为雕像的这个部分通过一个戏剧化的传说故事被铭刻在了人们的记忆中，据传一个男人把这尊著名的大理石女神雕像当作了一个有血有肉的活人。这个故事最为完整的版本，记录在写于约公元前300年的一篇奇怪的文章里。

　　作者转述了一场几乎必然是杜撰出来的辩论。辩论发生在三个男人——一个禁欲独身者，一个异性恋者和一个同性恋者——之间，他们已经就"哪种性行为才是最好的（如果有这么一种的话）"激烈争辩了很久。辩论过程中，他们来到尼多斯，并前往当地最著名的景点——阿佛洛狄忒神庙参观她的雕像。异性恋者贪婪地看她的正面和面部，喜欢男人的那位则窥视她的背面。然后，他们在她大理石像的大腿根内侧靠近臀部的位置，发现了一个小污点。

　　而禁欲者，本身作为一位艺术鉴赏

39. 阿佛洛狄忒的手被有意设计成指向胸部。在古代世界的观念里，她上臂清晰可见的臂镯也是一个强有力的情色信号。

家,开始为普拉克西特列斯唱赞歌,称颂他居然能将大理石上的瑕疵处理得如此不露痕迹——但看管神庙的女士却打断了他,说这个痕迹的背后是一个更加不堪的故事。她说一个年轻人曾经对这尊塑像陷入狂热的爱恋,并且设法让自己和雕像单独关在神庙里一整夜,而这个污点就是他疯狂情欲留下的唯一证据。异性恋和同性恋者都高兴地宣称,这证明了他们的观点(一个说,连女性的塑像都有可能激发爱欲;另一个说,污点的位置说明年轻人采取了后入式,只有与男孩性交才会用这种姿势)。而女管理员则坚称那个故事有一个悲剧的后续:年轻人最终发了疯,跳下了悬崖。

这个故事蕴含了几个令人不安的教训。它说明了,希腊革新可以造成多么问题重重的影响,而模糊人形大理石雕像和活人的身体之间的界限,又多么具有诱惑性,同时又是多么危险而愚蠢。它显示了一尊女性雕像是如何让一个男人疯狂,同时也显示了艺术可以如何成为——让我们直说吧——强暴行为的借口。别忘了,阿佛洛狄忒本人从未答应过。

革新的遗产

希腊革新,以及它所特有的表现人体的方式,还为我们留下了更具影响力——有时也更加黑暗——的遗产,它的影响至今还与西方世界的我们同在,即使我们常常对其视而不见。古代世界的影响并不只是安静而无害地存在于久远的过去:我们称之为"古典风格"的东西,背后实际上伴有悠久而强大的历史传统,一直延续至今。自14世纪欧洲文艺复兴以降,它就在不断被重新协商、利用,并被赋予更重大的意义。它不仅仅被看作造型艺术需要努力去达到(或是激进艺术家需要去颠覆)的典范,更在某些情况下成了某个版本的文明本身的晴雨表。

为了更好地理解它背后的运作力量,我们需要追随一些古典雕像的脚步,它们离开了其诞生地希腊和罗马,于18世纪来到了全然陌生的土地,开始装饰欧洲北部的楼宇和宫殿。最为生动地体现着这段往事的场所,莫过于伦敦周边的塞恩府邸(Syon House),那里曾经是第一代诺森伯兰(Northumberland)公爵夫妇在乡间的时髦宅邸。18世纪中叶，它经历了一场如火如荼的古典世界再造工程。

这场设计运动背后的推动者之一是诺森伯兰公爵夫人，聪慧而有魄力的伊丽莎白·珀西（Elizabeth Percy）。很可能是她——与她的建筑设计师，亚当兄弟（Adam brothers）一起——将涵盖了肖像、符号和人体雕像等等的希腊罗马艺术大观汇集于一堂，这些藏品中的大部分至今仍摆在那里。他们动用了各种中间商、代理人和商贩的人脉，从意大利获得了一些艺术真品、一些精确的石膏复制品，还有古典杰作的仿画和浮雕仿制品。以现在的眼光看来，这一切高端浮华得有些过火了，像是一个18世纪的巨富之家在明晃晃地炫示自己能将古典艺术中所有的"明星单品"揽入囊中，充当能用金钱买到的最昂贵的墙纸。但事情不只这么简单。

塞恩府邸对这些艺术形象的使用方式是更具有建设性的。首先，那些18世纪绅士的肖像中，他们身上穿的是古罗马托加，这就模糊了古代世界与现代世界之间的距离，并且促使我们看到古代与现代美德之间的关联。主厅的整体布局则在此基础上又进了一步。在主厅设计之初，关于雕像的选取和位置的摆放就有过种种讨论，而且计划还变动过不止一次。但最终的结果，却是一场意味深长的较量。在府邸大厅的主展品位置上，两尊古典雕塑杰作遥相对峙，就像两面映照出不同的男性身体与气质的镜子。一

40. 塞恩府邸在 19 世纪早期的样子。如画的风景和简朴的小船，与府邸内华丽的古典藏品形成鲜明对比。

边是被称为"垂死的高卢人"（the Dying Gaul）的雕像的仿品：一个被征服的野蛮人（18 世纪人却把他当成一位垂死的格斗士），满是肌肉的身形骄傲而健美，战败完全无损其荣光。但他的风头却被房间另一头那尊对比鲜明的雕像给永远遮盖了。那就是"观景楼的阿波罗"（Apollo Belvedere）雕像的仿品，展现了一种略微有些诡异的男性气质。这尊雕像具体完成于何时尚有争议，但总归是一件足以代表"希腊－罗马"艺术风格的标志性作品。它是

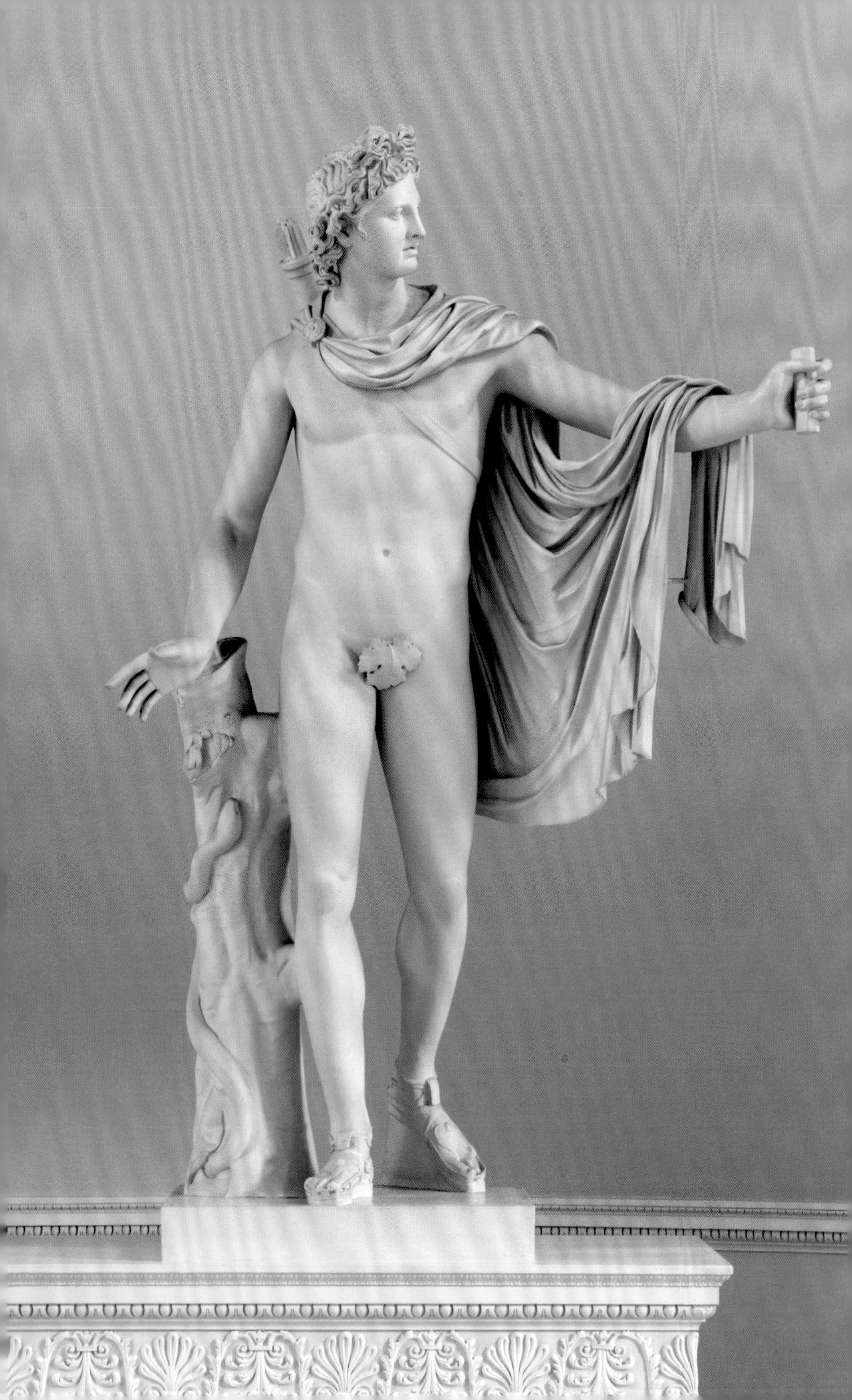

制作于公元前 300 年的希腊作品吗？还是很久之后的罗马"复制品"？再或者，是一件罗马人原创的艺术品？无论答案为何，《观景楼的阿波罗》都是在 18 世纪西方世界最享有盛名的雕塑作品。

阿波罗雕像得名于梵蒂冈的贝尔维德尔雕塑广场（Belvedere Sculpture Courtyard），从 16 世纪早期开始它就一直被陈列于此处。这尊雕塑备受推崇的原因在于，雕塑家捕捉到了这位天神刚刚射出弓箭，肌肉松弛下来的休息瞬间：一种力量、威严与闲适的结合。尽管它是件颇具魅力的作品，但若非一个人给它带来了全球性的名气，这座雕像今天应该仍然只是雕塑广场上众多雕像中的一座而已。这个人就是约翰·约阿希姆·温克尔曼（Johann Joachim Winckelmann）。他生于 1717 年，是一个德国鞋匠的儿子，50 岁时在的里雅斯特被一个我们今天可能会称之为男妓的男子谋杀。在其一生中他不断努力，跻身于当时最大的艺术收藏家的图书馆员和得力助手之列，后来又做到梵蒂冈文物收藏部门的总监，还写出了几本艺术史领域中最重要的书籍。他将这尊阿波罗雕像形容为"绝对是逃脱了毁灭命运的文物中最卓越的作品。永恒的煦暖春日"，他继续写道："在这个成熟男子诱人的生命活力之外

41.《观景楼的阿波罗》石膏像占据了塞恩府大厅最重要的位置。我们一定可以想象他刚刚射出一支箭——而现在正要休息。

包裹上了悦人的青春,四肢庄严的造型中透出灵巧和温柔。该如何,"他问道,"该如何形容他呢?"他曾经极度喜爱过许多不同的希腊罗马时期人体雕塑,但从没有哪一座像《观景楼的阿波罗》那样让他心醉神迷。

我们可能对这些狂热的溢美之词有些反感,但温克尔曼给出的远远不止热烈的言辞。阿波罗被纳入了他全新的理论之中,这种理论为后世留下了持久,甚至有时会显得尴尬的影响。欧洲几乎所有年代久远的图书馆——塞恩府邸里的当然也不例外——都藏有温克尔曼的那本著作,他在其中首次提出这种关于艺术的理论框架。首版于1764年的《古代艺术史》认为阿波罗雕像绝不仅仅是件艺术品而已,而几乎将其抬高到了文明的终极象征的高度(这本书的封面图恰如其分地将它与《垂死的高卢人》并置在一起)。通过将《观景楼的阿波罗》置于古典艺术的顶峰——虽然关于它的确切年代,他并不比我们知道得更多——他试图比任何人都更系统地将艺术和政治联系起来:他认为最好的艺术只能产生于最好的政治之下。换句话说,他的意思几乎就是:你可以根据人体表现水平的兴衰来回溯地判别历史上文明的兴衰轨迹。《阿波罗》就造于文明的巅峰时代。

虽然温克尔曼的理论非常激进,并且承载了过多的政治意味,但它仍然极大地影响了后世西方人观赏和评判艺术,特别是人体艺术的方式。温克尔曼从未到过希腊,他倾慕着自己从未见过的

42. 安东·冯·马龙（Anton von Maron）绘制的 J. J. 温克尔曼画像（1767年）。他面前是安提诺乌斯大理石浮雕的刻像（图4），这也是温克尔曼最爱的作品之一。

82

43. 塞恩府内《垂死的高卢人》的青铜版本，在失败面前仍然保持不屈精神的象征。他脖子上的项圈（或颈带）清楚地表明他本来是被塑造成一个高卢人的，而不是18世纪许多人认为的角斗士。

44. 温克尔曼《艺术史》的卷首图。在这个 18 世纪重印的版本中,"阿波罗"和"高卢人"仍然象征着该书追捧的历史和"文明"价值。

希腊古典艺术，像我们一样努力着试图弄清《观景楼的阿波罗》的确切年代，以及希腊和罗马艺术之间究竟有何区别。他的艺术理论常常因为过于保守主义而受到抨击，但他的观点又因为对这种特别的古典形式和风格的坚持，而影响了一些深具影响力和知名度的阐释西方艺术的方式。因此，肯尼斯·克拉克在20世纪60年代后期制作《文明》节目时强调了这种观点，也并不出人意料。尽管他在节目中并没有专门讨论古代世界的艺术，克拉克还是去拜访了《观景楼的阿波罗》，并用夸张程度几乎不亚于温克尔曼的溢美之词称颂了它。"这就是全世界最受仰慕和喜爱的一件雕塑。阿波罗身上，承载的必然是某种更高级的文明……北方的想象力外化于恐惧与黑暗的形象。而希腊想象力的外化载体，则是比例完美、合于理性的人体形象。"在"希腊变革"中应运而生的希腊人体雕塑，就这样被树立成了西方文明的灯塔。

然而，温克尔曼的影响其实比这还要深远。即使我们往往都没有意识到这一点，他的理论仍然持续在为西方观众在评判其他文化时提供一种现成的立场——有时甚至是一种难以避免地扭曲偏颇、支离破碎的视角。我们可以在一个例子中明显地看到这种曲解——让我们回到本章的开始，去看看奥尔梅克人的艺术，这次的故事里，出现了一个令人惊奇的转折。

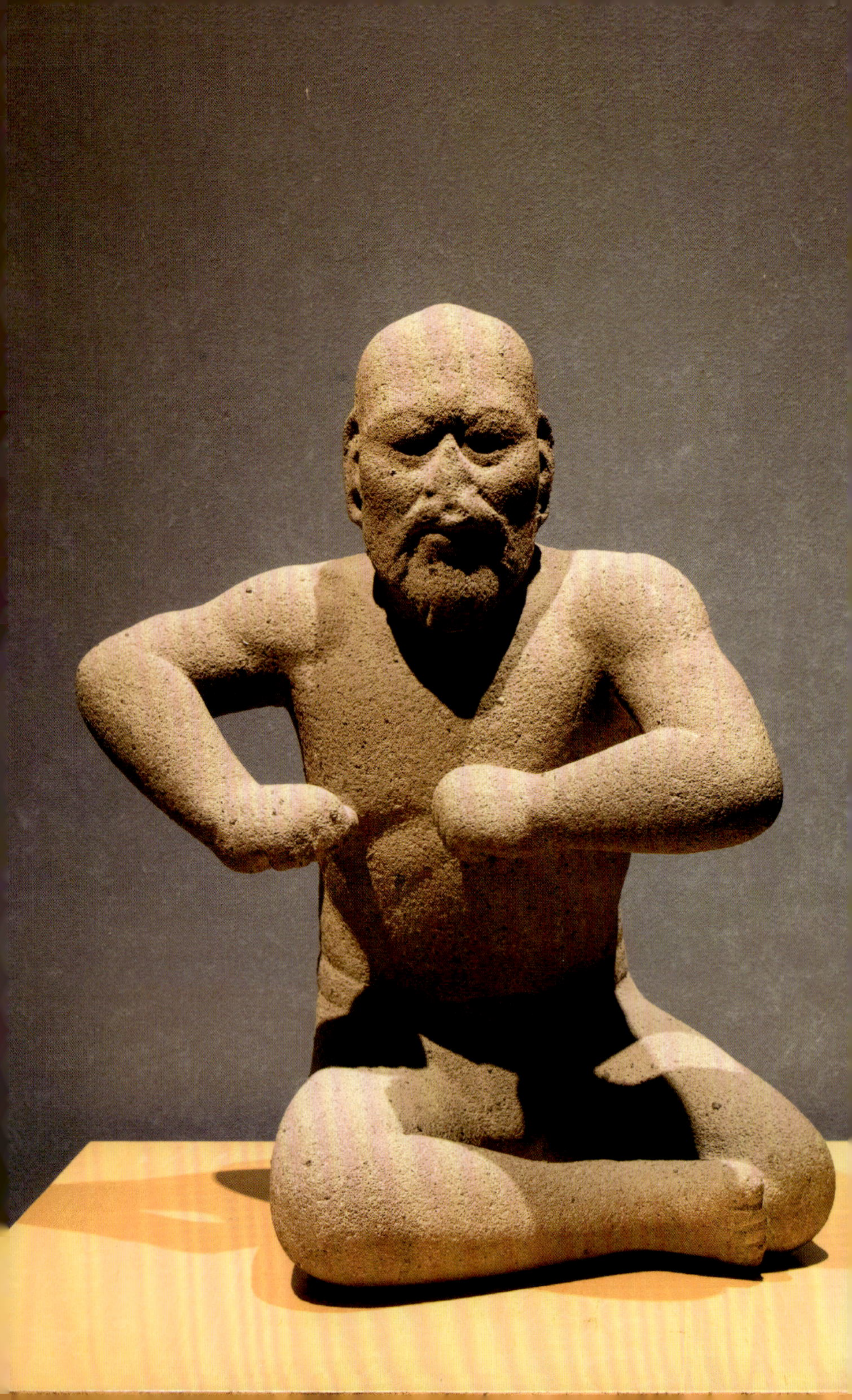

奥尔梅克摔跤手

那是在 1964 年，当时墨西哥政府正在力图创建一种能够彰显其古代辉煌历史的民族身份认同，而艺术就是整个项目的重中之重。政府为此专门在墨西哥城建立了一座新博物馆，以展示墨西哥的悠久历史，因此之前那些璀璨文明留下的宝藏至今仍向所有人开放展览，而其中墨西哥最早的文明——奥尔梅克文明——显然占据着特殊的地位。展厅中一尊巨大的头像旁边，摆放着一组绝妙的小型奥尔梅克雕塑，其中包含一组精细的玉石和绿岩制小型人像，还有一个将黑曜石镜子持在胸前的黏土塑像（是宗教象征，还是史前版本的化妆镜？），以及一整批在我们看来像是婴儿的小型塑像，但奥尔梅克人可能不这么看。不过，其中最有特殊

---

45. 关于奥尔梅克摔跤手，有两种大相径庭的看法：一种认为它是西方视角中的杰作，一种认为这是为了取悦西方审美而有意伪造出来的赝品。

意义的莫过于一件 20 世纪 60 年代新购进的文物,那就是现在被称为"奥尔梅克摔跤手"(the Olmec Wrestler)的塑像。塑像的肌肉塑造相当自然,面部非常"现实主义",而且身体姿势也颇为生动,之前人们在奥尔梅克文明中从没有发现过这样的艺术品。对许多人来说,摔跤手像证明了奥尔梅克文明的高度和复杂性完全不输给同时期的任何一种古代文明。他很快就成为不止奥尔梅克,而且是整个古墨西哥文化的标志性人物——在数不清的书封上为文化宣传代言。

摔跤手像得到如此盛名这一事实,让我们得以直面西方观看方式,以及从温克尔曼那里继承而来的古典艺术观念所造成的后果。这尊塑像能够吸引我们,很大程度上是因为那些看上去似乎与我们长久以来关于人体形象塑造的自然主义假设相吻合的元素。就连我们给它的命名都带有希腊罗马艺术的影响。实际上并没有证据能证明它本来要被塑造成一个摔跤手,我们甚至不知道奥尔梅克人到底有没有摔跤的习俗。但这个名字让我们舒心地想到古希腊的运动赛会以及对其的视觉呈现。至少——即使我们抛开这个现代命名不谈——如果这确实是一尊出色的奥尔梅克雕塑作品,那么它之所以被赏识也是因为它恰好符合了后来的欣赏品味,准确地命中了我们常在其他文化的艺术中寻找的那种特别的混搭感:它应当和我们自己的文化很不相同,才能算得上"异国的",但同时又完全能在我们的美学眼光中得到理解。

我们如何观看？

46. 这些现陈列于墨西哥城国家博物馆的小型雕塑群像，在发掘之初就是这样摆放着的，但没人知道其中的含义。这是一群神职人员，还是一种神话中的景象？甚至我们连其中哪些是男性，哪些是女性的形象都不得而知。

于是，摔跤手故事的另一面就浮现了出来。没人能够确定它究竟是在哪里被发现的，更不要说是由谁，以何种方式发现的了。它所使用的黑陶和其他奥尔梅克雕塑的用料并不相同。而且它如此符合西方理想艺术的标准，以至于一些专家现在认为它是伪造的，是由一些熟知西方古代艺术魅力的人制造的赝品。说到底，

47. 这些"婴孩"是奥尔梅克艺术中一个独特的种类。但它们究竟代表什么身份，在奥尔梅克人眼里它们是否真的是婴孩（如果是的话，为什么）仍然是个不解之谜。

造假者就是群从制造出我们想要的那种艺术品中获利的家伙，而他们也深谙温克尔曼理论对我们的吸引力。

但是，无论真伪，奥尔梅克摔跤手像着实说明了：古老的人体形象确实能够告诉我们关于过往的事情，但它们更多地透露出的，还是关于我们自己的信息。当我们欣赏奥尔梅克的摔跤手时，我们也在直面自己的既有假定：怎样才算是令人满意的人类形象？欣赏活动的重心总是会部分地转到身为观众的我们自己，以及我们的偏见之上。摔跤手塑像在某种意义上恰如其分地提醒了我们一个关于人体艺术的基本事实：它不仅仅关于过去的人们如何选择呈现他们自己，或他们看起来是什么样，而更关乎我们现在如何观看。

2

信仰的目光

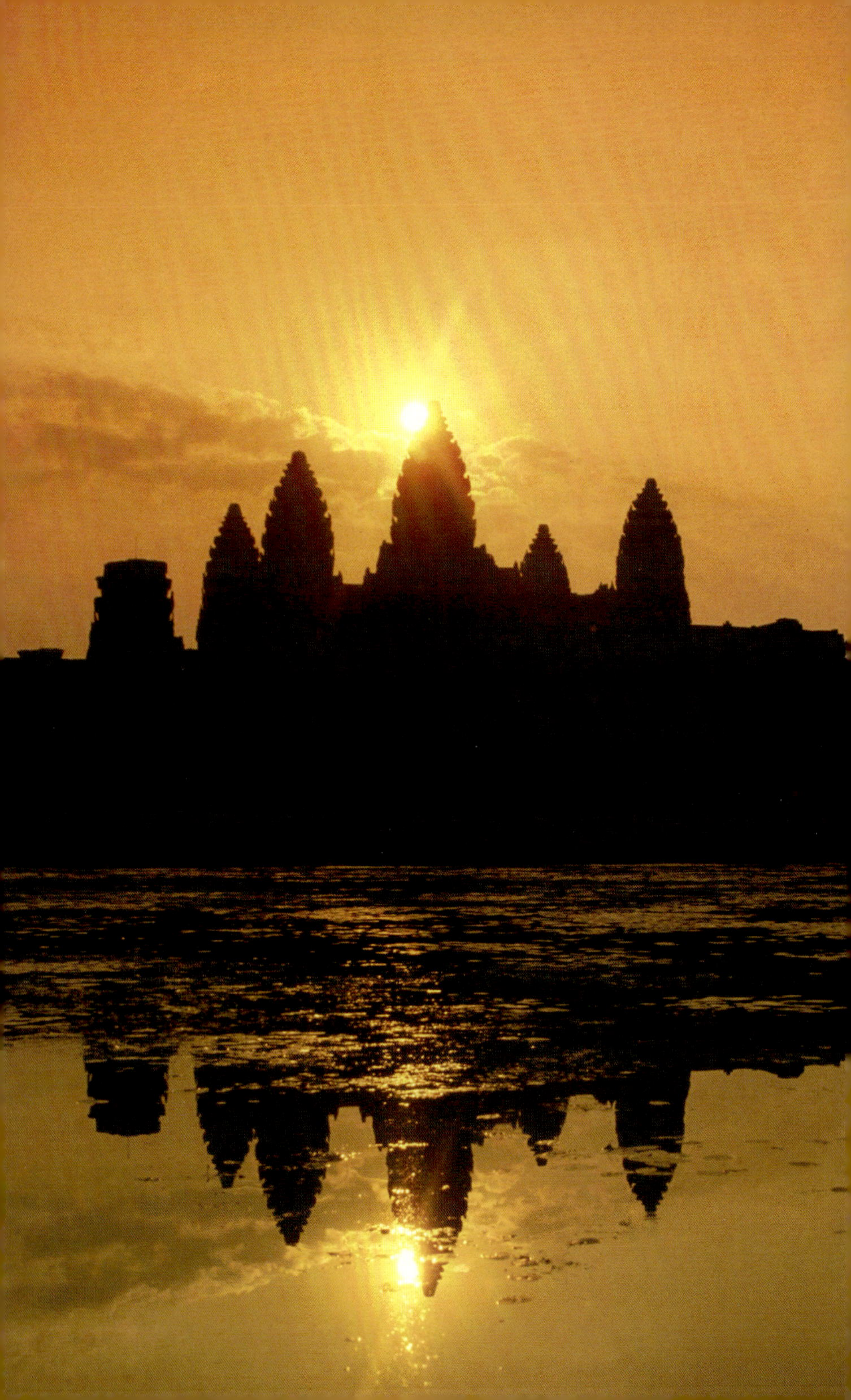

序言：吴哥窟的日出

每年都有成千上万人从世界各地涌向位于柬埔寨乡下的某个地点，见证一个非凡的景观。每逢春分和秋分之时，太阳升上吴哥窟（Angkor Wat）寺庙的塔顶正中，会有一两秒钟，看上去仿佛是被稳稳地放置在塔顶之上的。此时，人群中几乎总是会响起此起彼伏的赞叹声。这是宗教艺术最壮观的时刻。出于向现代朝圣者和游客示好的动机，柬埔寨政府最近还为盛事现场的最佳"自拍"设立了奖项，虽然这个举措略显尴尬。

吴哥窟是世界上最庞大也最负盛名的大型宗教建筑之一，与埃及法老王或中国始皇帝的大型工程一样，是一种皇家势力的彰显。它最初是公元12世纪由高棉帝国的国王修建的印度教寺庙，之后的几百年间，随着他们的继任者逐渐转向佛教，吴哥窟也被

48.吴哥窟经典的春秋分景观：太阳顶在寺庙塔尖正中，倒影投在水上。

改造成了佛教的圣祠。太阳稳处塔尖还不是这项奇观的全部。建筑群中心的高塔据说象征着神话中须弥山的群峰——须弥山是印度教世界观中的宇宙中心。围绕在其周围的壕沟对应的则是世界尽头的大海。墙上布满了各种宗教样式和象征。像是为了成就某种奢靡铺张的整体风格似的，寺庙的外墙上也环绕着一圈连绵不断、仿佛没有尽头的檐壁装饰画，其中印度教神话与高棉王室巡游的场景混杂在一起。

　　人们对其做出的阐释，细节上远没有现代旅行指南书所声

49. 可能在吴哥窟这样的地方，我们特别容易鄙视相机、手机和"自拍"等等。这幅图中的电子设备确实过多了一点，但朝拜和旅游的人们总是希望留下到此一游的纪念，把这份经历带回家。

信仰的目光

50. 沿着寺庙回廊铺设的檐壁饰带绵延近半英里，曾经是带有彩绘镀金的。这种景象是印度教创世神话的一部分，"搅动乳海"，说的是神明与魔鬼在蛇身内较量，让宇宙力量得以运行。

称的那么笃定无疑。这种装潢上的无节制有时看上去的确只是一种过度的铺张，但其根本要点是很清楚的。寺庙的格局和其中的雕塑都在力求用形象将印度教的观念具象化，要让自然界、神界和人界和睦相融。初升的旭日与寺庙塔尖位置的相合——建筑师的精心设计，为的是让太阳本身成为这出宗教剧目中的一位演员——只是吴哥窟用以巩固印度教教义、让宗教"真理"显得真实的诸多安排之一。

纵观世界诸文明，宗教和艺术总是交织在一起，时时碰撞出

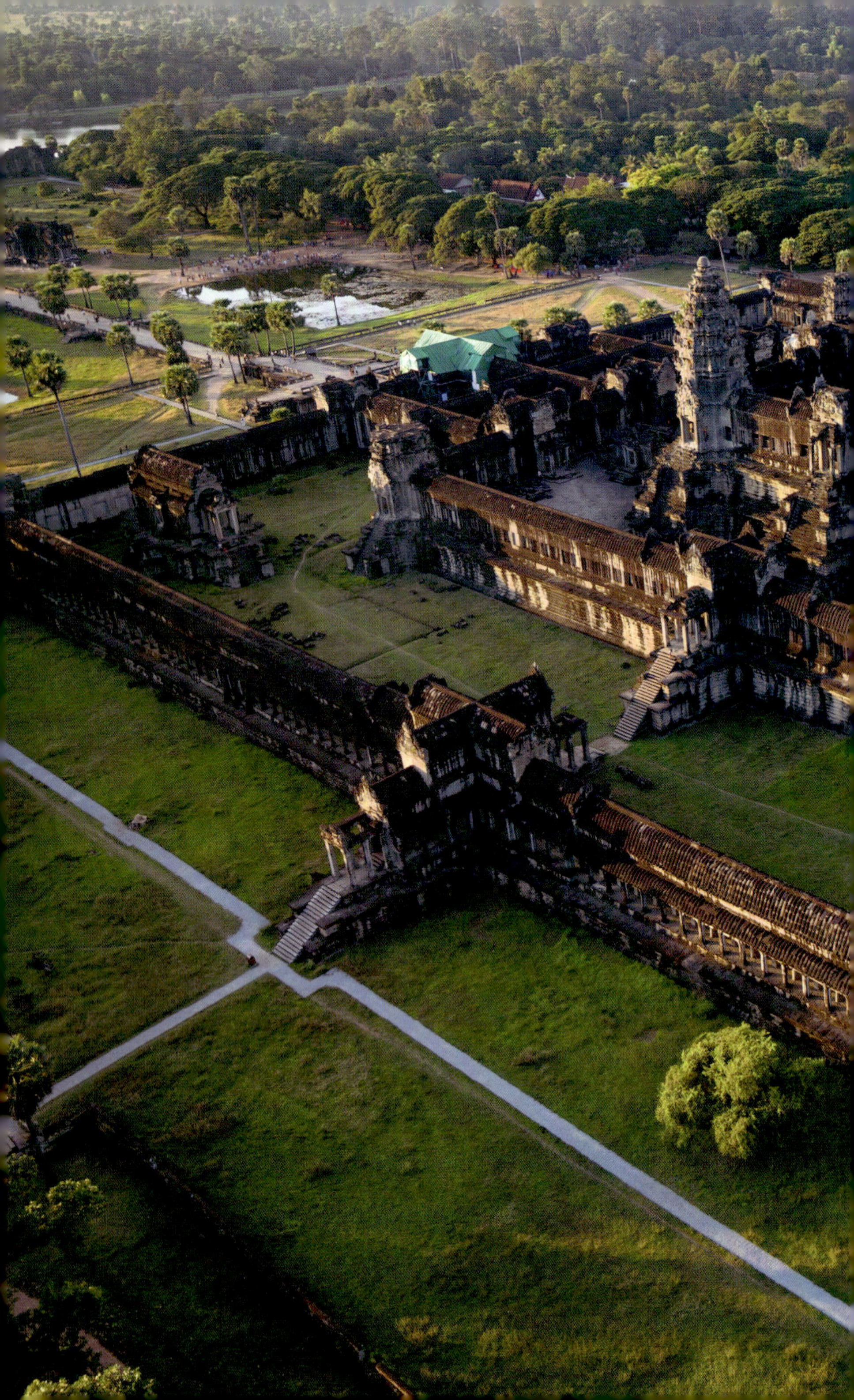

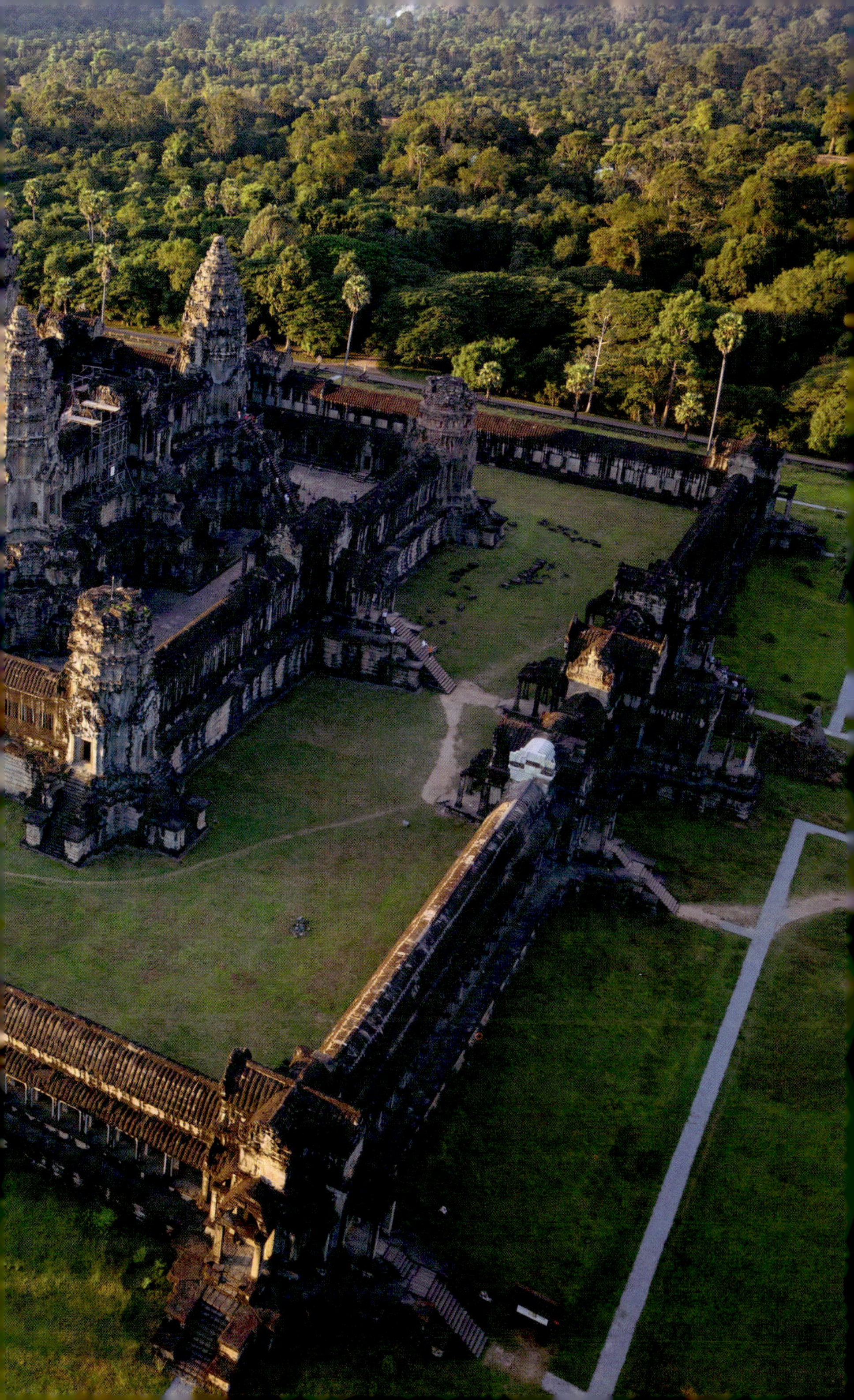

火花。下文中我将探讨这种交织，以及火花中极为耀眼的一些，我想讨论的不仅是人类世界的权力，还有想象中的那个神圣世界的权力。我下面所要说的不局限于某种宗教，而关乎各个时代的各种宗教：从全球性到地方性的，从膜拜多位神明，到（在一些佛教的分支中）根本没有（在"神明"这个词语通常意义上的）神明，从早已消失在历史长河中的，到至今仍在支持现代世界运作的。与人体形象一样，几千年来宗教一直赋予艺术无穷的灵感，而艺术也反过来激励着宗教的发展，为宗教的教义注入真理。它使世俗的世界与神圣世界相遇，并为我们创造出了许多有史以来最为庄严与生动的视觉形象。

这些非凡的创造背后有何意义，以及艺术在全球范围内行使了怎样的"宗教功能"，都是很重要的问题。而宗教艺术的故事还不止于此：它与人类的论战和冲突、危难和风险休戚相关。无论是伊斯兰教还是基督教，印度教还是犹太教，所有宗教尝试将那些不属于这个俗世的神灵、圣人或先知具象化到此时此地的时候，它们都必然要面对一种两难的境地：对图像的敬奉在什么时候会变为危险的偶像崇拜？荣耀上帝的形象与空洞的世俗虚荣之间的分界在哪里？究竟什么才算作上帝，或上帝的话的

---

51. 吴哥窟鸟瞰图。中心的尖塔被围墙重重包围——檐壁饰带是砌在最外层长廊的墙体上的。

形象？甚至那些刻意损毁宗教艺术的行为——"圣像破坏运动"（iconoclasm）——也充满了难题和悖论。这种对宗教形象的捣毁远非简单粗暴的破坏行为，它背后的驱动力很可能是关于宗教艺术是什么，以及应当是什么的完全不同的看法，事实上，这种行为本身可能反映出一种其所特有的"艺术性"。

所有这些问题的根本在于：人们是如何观看宗教艺术的——或者说，如何才算作"以宗教的眼光"去观看。本书的最后，我要讨论的就是常被视作西方文明摇篮的一座古老神殿：雅典卫城的帕台农神殿。它让我们直面这样一个问题：我们现在崇拜的究竟是什么。那些自认为世俗化的人们又在多大程度上仍然在用信仰的眼光观看着？

जय माँ काली
GOODS CARRIER

ANAND

SK 03 1037

是谁在看？阿旃陀的"石窟艺术"

"神像，神像无处不在，让我无从立足。"当12世纪诗人、哲学家巴萨瓦在印度面对着身边密布的宗教形象时，他说出了这样的话。他的意思很容易理解。世界上很多地方，宗教艺术都随处可见，不局限于圣祠、教堂或寺庙。宗教总是能激发其信徒身上的艺术创造力：身体装饰、房屋装潢、街道建筑等等，都以或虔诚或谐谑的方式展现着宗教：从基督徒颈上的十字架，到印度卡车上色彩鲜明的印度教神像。

所有这些习俗的目的看上去或许都很简单，甚至是不言自明的——无论我们是把这些形象看作敬畏和崇拜的焦点，对神明存在的提示，还是满足我们自身对那个不可见神圣世界的窥视欲的方式。但就像之前章节描述的那些人类形象一样——无

---

52. "无处不在的神"现在在印度和巴基斯坦意味着一种形式丰富的传统，在公共汽车和卡车拖车上展示神明或其他宗教象征图像。

论是鸣唱的雕像,还是伤痕累累的拳手——如果我们尝试更加深入地探查这些宗教形象究竟是如何发挥作用的,事情就远比我们想象的复杂了。需要再次强调的是,我们在何种背景下观看这些艺术品,以及是谁在观看都至关重要。 在印度西北部的阿旃陀(Ajanta),山体石窟里大大小小的寺庙与祈殿里那些早

53. 阿旃陀石窟的外部景象。始建于公元前 200 年左右。30 多个人工凿刻的石洞内既有祈拜殿，也有佛教僧侣的住处。

期的佛教画像中，众多观察者和不同视角的竞争关系就体现得再清楚不过了：现在这个被称为阿旃陀石窟的古迹，始建于公元前200年左右，曾经历过若干个发展阶段，后来在15世纪时逐渐被废弃，而现在它则成了新近开发的文化遗产和旅游古迹。

有一个经常被讲述的故事，是关于石窟最初是如何在1819年被"再次发现"，或者，照很多西方人那种令人尴尬的习惯说法，被"发现"的。那是个会出现在《男孩领域》一类杂志上的那种大英帝国故事：一群年轻军官组成的狩猎小队在追赶一只老虎时，偶然发现了这个地方（他们的领队在一幅壁画上得意扬扬地刻下了自己的名字和日期："约翰·史密斯，第28骑兵团，1819年4月28日"）。还有另外一个不这么有名但却更意蕴深长的故事，其主角是一位爱德华时代（指1900年—1910年，英王爱德华七世在位期间——译注）的女士，她于20世纪初长途跋涉到阿旃陀，身上背着的不是来复枪和捕捉老虎的罗网，而是画板、描图纸、画笔和铅笔。克里斯蒂安娜·赫林翰（Christiana Herringham），一位艺术家和妇女参政论者，她对英国在印度的行径至少是抱着矛盾的态度——有些人认为她就是E.M.福斯特小说《印度之行》中摩尔夫人的原型，后者在（虚构的）"马拉巴山洞"中经历了改变其一生的事件，并失去了信仰。几篇关于隐藏在山林秘处的古老宗教遗址的报道让赫林翰很感兴趣，经过了几周的旅途劳顿之后，她终于到达了那里。关于佛陀生平的绘画从上到下遍布山洞的各个角落，当

54. 旅途中的克里斯蒂安娜·赫林翰。或许这张照片看上去像是一场闲适的旅行，但她对自己在阿旃陀工作的描述则告诉我们，那一点也不闲适。

时已经处于岌岌可危的状态。在印度与英国的慈善家的资助下（同时也被一种不同寻常的决心驱动着），赫林翰——连同一支在当时十分罕见的、由来自不同文化背景的学生与艺术家组成的队伍——踏上了记录这些图画的征途，要赶在它们消失殆尽之前把它们抢救下来。

仅仅在几年之后的1915年，这项工作的成果就结集成一本

55. 从阿旃陀1号窟，我们能够看出石窟内部有着多么丰富的装饰图案。这张照片的右边坐着一位菩萨，这是一种充满智慧与慈悲的佛教形象。左边以及上部描绘的是佛陀前世的故事。

56. 赫林翰将石窟内的小型人像独立出来，编纂出了一本非常吸引人的画册，但其中呈现的整体风格与原作已经完全不同了。

装帧豪华的单行本出版。这本书以一系列初步的介绍性文章开篇，清楚地告诉了读者，这项工作本身实际上并不怎么有趣迷人。洞内光线昏暗，卫生情况极其恶劣，数以千计的蝙蝠和蜜蜂在内筑巢，它们对来访艺术家们的打扰十分不悦，于是也在描图纸上留下了它们的画作。他们的工作环境光线昏暗，光源只有通常架在摇摇欲坠的长梯上的小灯。这些文章之后,就是全书真正重要的部分:着色鲜明的板片——在所有这些仔细描摹的基础上复制出的石窟内图画。

赫林翰保护这些古老宗教画像的行为,源于她对世界艺术遗产的广博兴趣(在英国,她还是国家艺术收藏品基金会的主要创办者,该基金会至今还在为公共展馆购入艺术品)。但与此同时,无论在纸上还是在她自己的心目中,她都曾激进地——甚至有点成问题地——用自己的方式重新诠释了这些画作。当她打量着这些画作的着色、角度以及它们精细的线条和构图时,她看到的是足以和意大利文艺复兴艺术相提并论的印度艺术。她有时甚至把石窟叫作"美术馆"。她出版的画册就是这种观点的体现。她只撷取了最好看的小型图像,填补了原画剥落处的空缺,还制作了那种你可以取出来钉在墙上的活页,就好像这些画是在画架上完成的作品一样。就这样,一个佛教遗址中的图像变成了"世界艺术"的遗产。她当然能够认识到这些画作的宗教目的,事实上,她生命的最后有至少15年——甚至在她的书籍出版之前就开始了——是在一个私人"庇护所"里度过的,日益为自己侵入了神圣的领域而感到不安。但她真正关注的问题是,这些素材作为艺术——首字母大写的"艺术"(Art)——的意义。

很多宗教艺术都是在被安全地收藏进美术馆的展厅之后才

被人们熟知的。这包括英国国家美术馆，或乌菲齐美术馆里许多赫林翰十分喜爱的文艺复兴时期画作，尽管它们最初是为了基督教教堂这一截然不同的环境而设计的。但如果想要知道这些画作如何在宗教上发挥作用，就必须把它们还原到最初的背景中去理解。在阿旃陀画作这个案例中，这种还原就会产生一种不同的效果，远比赫林翰那种精选过的清晰版本更加令人费解。

石窟画面内容描绘的是佛陀为了寻求超脱，不断抵御人世间种种浮华诱惑与名缰利锁的故事。但这些故事并不易读。很多细节必然会一直湮没在黑暗中（佛教祈殿一向是灯光昏暗的），而且图画的叙事支离破碎，连本来就熟谙这些故事的人都不容易抓住头绪。一个最简单也最有意思的例子，就能有力地证明这种释读会有多么困难。那是一幅占据了一个石窟内墙大部分面积的图画，描绘的是以一位猴王为主角的道德故事。猴王是佛陀前世的一个化身，他舍命救下了自己的子民。我们可以看出，比如，人类国王向动物宣战，他的弓箭手瞄准了动物；我们可以看出猴王用自己的身躯在峡谷的两端架起桥梁，好让他的子民脱身；我们还可以看出人类国王有感于猴王的义举，将他带到了王宫——猴王就在那里做了一场关于君王责任的演讲。但要解密这个故事，可比上述摘要所体现出来的难多了。因为各个场景之间没有清晰的界限，一大群形象无差别地挤在整个画面中。同一个人物不断出现,在叙事的不同阶段中各自扮演着自己的角色。而这些情节又不是以明晰的逻辑顺序排列的(猴王关于君主责任的演说被插到了故事序列里一个奇怪的位置,位于左上角的窗户之上)。这和赫林翰那种简明的版本之间存在的差异,简直大到让人无法想象。

当然,这绝非仅仅是一片混乱而已。这些由几代已无法考证其名字的艺术家创作的让人颇为迷惑的画作,要求他们的观众也**必须做宗教功课**。他们要求那些看到画面的人们——无论是僧侣、朝拜者还是旅行者——自己去辨认、发现、再发现佛陀的故事。要读懂这些图像,你不可能只是一个被动的消费者,而必须主动地去阐释它们。这种碎片化的叙事,也是在呼应宗教故事里常见的碎片化特征——开放性、对立性与矛盾性。甚至连昏暗的光线都在其中扮演了角色。当你擎着摇曳的灯火试图看清墙上的画作时,你的行为就是一种宗教经验的绝佳隐喻:在无边的黑暗中寻找真理和信仰。

宗教常常会借由复杂性实现其目的。虽然这一点往往被外部观察者和使用分析方法的历史学家们无视,但宗教利用的一个重要事实是:信仰可以被组织成不同的形式,而且信念和知识之间总是存在距离。在赫林翰惊人清晰的复制版本背后,我们在阿旃陀石窟之内看到的,恰恰是被形诸图画的这种复杂性。

57. 这幅线稿可以帮助我们解读石窟窗户周围的一幅讲述猴王生平故事的画作。1）满是鱼群的恒河水从上方向下流淌；2）人类国王和王后在河水中沐浴；3）国王再次出现在马背上；4）国王的弓箭手瞄准猴群；5）猴王用自己的身躯当作峡谷之间的桥梁，让其他动物逃走；6）猴王被射中，并被人类用一块布围捕住；7）猴王向人类宣讲君王的责任。

但在其他的案例里，图像却对宗教信仰的复杂性产生了另一种不同的介入作用。几乎与阿旃陀石窟最后一批装饰完工同时，在地球的另一端，艺术被更有力地用到了宗教辩论之中。

耶稣的身份

意大利亚得里亚海沿岸的沼泽地区,在6世纪时成了一场意识形态论争的前线。那时显然还未形成统一教派的早期基督教徒,就其教义的基本问题展开了激烈的辩论。在这些辩论中,艺术这件武器就被充分利用了起来。

在拉文纳——当时的一个行政中心,现在则成了重要的工业港口和文化旅游胜地——于6世纪40年代,当地一位富有的银行家或放贷者出资,为本地的圣人和殉教者(他在拉丁语中的名字是圣维塔利斯[St Vitalis])建造了圣维塔教堂(Church of San Vitale)。教堂的一部分建于更早的罗马建筑的残留结构基础之上,这一安排本身也提醒着人们基督教"征服"了异教罗马的事实。教堂的整个建筑设计使用了各种技术手段来传达基督教信息,彰显教会的力量。其中最令人惊叹的是金光闪烁的人物镶嵌画,堪称早期基督教艺术的伟大创举。它传达出的最清晰的信息就是,上帝的无上力量与组织教会的力量二者合为一体,其

58. 圣维塔教堂壮观的内部陈设，可以直接看到后殿。教堂的穹顶高耸，立柱上有昂贵的大理石装饰。上层的装饰画大多是后来的作品，只有后殿的作品是最初的镶嵌画。

上又加以拜占庭基督教君王的权力——他是罗马皇帝的直接继承人，其首都是君士坦丁堡，也就是现在的伊斯坦布尔（这个城市就建在拜占庭的旧址上）。在建筑的后殿，一幅耶稣授予圣维塔利斯金冠的画面下方，是当时在位的皇帝夫妇的画像，其衣着极尽华丽之能事：查士丁尼（Justinian），一个军事扩张主义者，雄心勃勃的社会改革家（他颁布的法典至今仍是许多现代法系的基础),炫耀着当时只有帝王才能穿的紫色鞋子。而他的妻子狄奥多拉(Theodora)——有些下流的市井传闻称,她早年混迹于娱乐业——的画像色彩缤纷艳丽,周身挂满精致的珠宝。

几乎可以肯定,这些镶嵌画的策划者应该是一位与皇帝关系密切的本地主教,所以这些画在某种程度上,也属于我们之前提到过的那种对王权的炫示张扬。在试图恢复全盛时期罗马帝国荣光的努力中,查士丁尼的军队从东哥特人手中夺取了拉文纳。无论是皇帝本人还是皇后狄奥多拉,都未曾亲身到过拉文纳——然

59. 狄奥多拉和她的随从。皇后的衣服下摆点缀着东方三贤士的图案(可能象征着皇权可以带来的馈赠),她右边侍女的衣裙款式与圣维塔利斯的长袍相似(图60)。我们可以想象他们刚从外面进来,画面左边的喷泉就在教堂的庭院里。

SCS VITALIS

ECLESIVS EPIS

而他们在某种意义上一直在这里，占据着这个教堂中最神圣的位置，紧紧跟在耶稣身后（身为女性，皇后本人如果亲临的话，是绝不会被允许涉足此处的）。艺术家在绘制时，当然会小心地不让查士丁尼显得与耶稣平起平坐，但我们很难不去注意到，在人类统治者和神圣人物的形象之间，存在着视觉上的呼应。皇帝穿着和耶稣同色的衣服，身体姿势则与圣维塔利斯一致，圣维塔利斯身穿一件绣有图案的长袍，和狄奥多拉一位随从的服饰很相似。查士丁尼身后跟着十二名手下，这必定是在呼应耶稣和他的十二位门徒。

无论这幅画是否为了宣传皇室的荣耀而作，耶稣本人的形象都是教堂中独一无二的重中之重，这是毋庸置疑的——也正是他位于那个时代神学论证的核心。最初的几个世纪对基督教来说，并不一帆风顺。它被各种宗教论战搅得支离破碎，其中有一个议题比其他议题都更重要，这就是耶稣的本质与神性，并由此衍生出几个对于信仰来说利害攸关的问题：耶稣和上帝之间的确切关系是什么？在马利亚生下耶稣之前，他又是谁，在哪里？一个完

---

60. 后殿的镶嵌画。圣维塔利斯在画面的最左侧，最早开始建造这座建筑的伊克莱苏斯（Ecclesius）主教在最右边（后来教堂被查士丁尼的亲信接管），年轻的耶稣位于画面中心。耶稣脚下的四条天堂之河为整幅画面提供了定位。

61. 作为上帝羔羊的耶稣，在两位天使的扶持下。位于后殿穹顶中圈内部。

美的、不可分割的神，是怎么分离出自身的一部分来创造一个儿子的？以及——这对许多人是个终极难题——耶稣和上帝本质上就是一体的吗，还是他们只是彼此相似而已？这些问题不仅仅是基督教学者的圈子中热议的话题，甚至在很多地方，哪怕你只是去市场买块面包，街头小贩都会给你来一番关于耶稣神学地位的现场演讲。

圣维塔教堂的镶嵌画作品整体上为耶稣的神性做了强力的辩护，仿佛可以消除任何误解。他在整体构图中被置于一个精心设

62. 经过拱门进入后殿向上看，你就能见到一幅或多或少地融合了耶稣和天父形象的画像，两旁是他的门徒。彼得（Peter）在他的右边，保罗（Paul，也被算作门徒之一）在左边。

计过的位置上，几乎是旨在终结这场争论，并指引观赏者们得出"正确"结论的。所以我们可以看到，沿着教堂的最东侧，三个不同时期的耶稣形象严整地一字排开——后殿的耶稣形象，是没有蓄须的年轻耶稣，上帝之子；穹顶正中的耶稣是"上帝的羔羊"这一象征形象；而入口处拱顶上年长、蓄须的全能的耶稣，看上去与天父上帝已经一般无二。这是一组关于"如何看耶稣"的课程，尤其最后的那幅画像就是一个明显的指引。这是艺术在解决争论。这些形象在告诉我们：绝不要去怀疑耶稣基督的神圣性。

虚荣的问题

然而宗教方面的争议,并不局限于精微的神学观点。在基督教世界的另一块土地上,在另一个时代,人物画像再次参与到了关于另外一个主题的争论之中,而且结果还很出人意料。

在威尼斯的宫殿与教堂的外墙背后,这个城市还蕴藏着一个珍贵的宝藏:许多仍然留在其最初创作出来时的环境中的宗教绘画。一些最壮观的16世纪画作是为圣洛可大会堂(Scuola di San Rocco)创作的,这是一个宗教性兄弟会(Confraternity)的集会处(意大利语原文的字面意思是"学校"),得名于一位名叫罗科(Rocco)或罗克(Roch)的圣人,相传这位圣人曾在瘟疫中为人们提供庇护。这些威尼斯兄弟会是一种慈善事业和社会组织的结合体,堪称——有点过于简化的理解方式就是——文艺复兴时期的扶轮社。富有的社团成员共聚一堂——当然,他们各自心怀复杂的动机——共同讨论他们对穷人处境的担忧,无论是否出于无私的初衷。而在圣洛可大会堂,

文 明 Ⅰ

63. 卡纳莱托在1735年绘制的圣洛可大会堂景象,描绘了威尼斯总督(位于建筑立面左侧的阳伞下)在圣人瞻礼日到访的情景。这幅景象即使在300年后的今天也几乎没什么变化。

这些会员身边墙上的画作,则时时提醒着他们身上肩负的慈善义务。比如,耶稣无疑就是在贫困的环境里降生的(母子二人都不得不栖身于那个即使以干草棚的标准都显得"无甚可观"的干草棚里)。而在《最后的晚餐》中,画面上耶稣和门徒们面前最醒目的形象,是两位乞讨者和一只饥肠辘辘的狗,他们可能正等着桌上掉下的些许食物。

64. 在丁托列托绘制的《耶稣诞生》中，马利亚、约瑟（Joseph）和孩子在摇摇欲坠的干草棚楼上，前来表达敬意的牧羊人则在楼下（画面右下方）。但画面中也有大量的象征，从婴儿脸上闪烁的光，到牛上方象征不朽的孔雀。

这些画作大多出自雅各布·丁托列托（Jacopo Tintoretto，由他父亲的职业而来的别名：tintore 就是"染匠"的意思）之手。他是比提香（Titian）年轻一些的同时代人，从小在威尼斯长大，深受家乡人民的喜爱。他在 16 世纪 60 年代到 80 年代的 20 年间效力于兄弟会，为大会堂创作了五十余幅画作。其中最著名的一幅，是为这个组织的管理委员会会议室创作的：一幅巨大的、近 40 英尺宽的耶稣受难图。

这幅画在当代观赏者中间激起的反应各不相同。有人被画幅的尺寸所震慑，有人困惑于过于拥挤的细节处理。批评家和艺术史家也有不同的观点。一些人把研究重点放在画家的绘画技巧上，关注丁托列托大胆的笔触，或是画面的明暗对比。另一些则专注于画中表现的情感。19 世纪评论家、艺术导师约翰·罗斯金（John Ruskin），宣称这些画作的精妙之处无以言表："我必须留待这幅画自行向观者展现其魅力，因为它超越一切分析，胜过所有赞誉。"诚然，艺术批评的风格、侧重点以及看待艺术的方式无疑总是随时代而变化，但我还是忍不住觉得，罗斯金放弃得有点太容易了，他可以再努力一些的。

丁托列托在他的耶稣受难图中做的很重要的一件事，就是模糊了观者和画作之间的距离。画作中的一些角色身着当代，即 16 世纪的服装，而不是圣经时代的穿戴；另外那些钉钉子、拉绳子、立楼梯的工人也明显是 16 世纪的形象。还有，如果

你站在画作面前,你就会觉得自己仿佛成了围观中心场景的人群中的一员。如何在艺术品和日常生活的世界间划分界限,是

65. 在这幅《最后的晚餐》里,耶稣和紧紧围绕他的门徒们正在就餐,而观者是从两位乞讨者所在的位置——也几乎是从他们的视角——看着这一幕的。两名乞丐把盘子和水罐放在楼梯上,希望能收获一些剩饭。这和画面后方秩序井然的厨房形成了鲜明对比。

66. 沐浴在明亮光芒中的耶稣形象占据画面的核心位置。就像《圣经》中描述的那样，两个强盗和他一同受十字架刑。左边那位，即所谓的"好强盗"，他的十字架正要被举起来，右边的"坏强盗"仍躺在地上。画面背景的左边飘扬着一面写有 SPQR（"罗马元老院与人民"的缩写）的旗帜，字迹斑驳而模糊，彰显着罗马的势力。

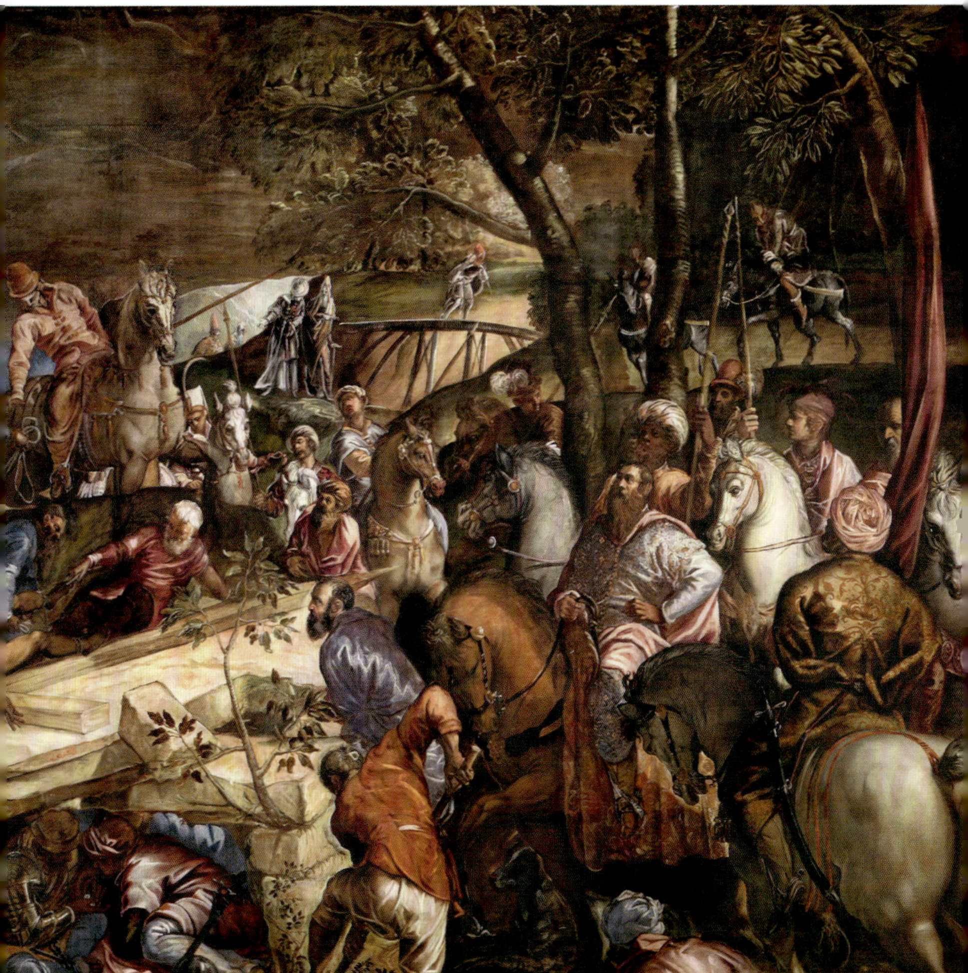

67. 在丁托列托的《耶稣受难》中,前景里的细节描绘了16世纪的普通工人,他们也被加入到了这个《圣经》场景之中。

艺术家和观众两者共同关心的问题（比如，尼多斯的阿佛洛狄忒神庙里的女神塑像遭到性侵事件背后，实质上也是同一个问题）。丁托列托在这里消解了这种界限，以使这样一个观点深入人心：耶稣受难既是一个发生在过去的历史事件，又是一桩宗教事件，这件事可以打破时空的界限，将观者纳入到其本身的框架之内。

这幅画作还有一个更受争议的解读，而对它无比推崇的鉴赏家们往往忽视了这一点。丁托列托是受雇于兄弟会来描绘这个《圣经》故事里的关键时刻的，当时的兄弟会由于过分"奢侈招摇"以及花了太多的钱在房屋装潢上，却在资助穷人方面做得不够而备受攻击。当画家在《最后的晚餐》里加入乞讨者，或者在耶稣受难的情景里加入兄弟会应当帮助的那些人物时，他的动机之一就是在回应这些指控。这种举动不只是对他们慈善宗旨的提醒，更是针对责难精心设计的反击。但整场争论其实反映了宗教艺术的一个关键问题：你越是努力调动一切资源来在视觉效果上显耀上帝，你就越是身处受批评的位置，因为你对物质的兴趣超过了精神，对世俗浮华的追求遮蔽了虔诚的心念。

在此，艺术与宗教之间就产生了一种断裂，我们发现以视觉方式描绘神明这个行为本身可能就问题重重。虚荣浮华的风险还只是问题的第一步。它指向"偶像崇拜"（idolatry）即对图像或"偶像"的顶礼膜拜这个全世界都必须面对的根本问题。在来自天主教西班牙的一项艺术奇观中,它体现得尤为激烈。

有生命的雕像？

塞维利亚（Seville）几世纪以来一直都是肖像制作活动的一个中心。许多最伟大的西班牙宗教画家都出生于塞维利亚——例如委拉斯开兹（Velázquez）、苏巴朗（Zurbarán）和牟利罗（Murillo）——而肖像至今仍在这个城市的宗教生活中扮演着积极的角色。其中一尊肖像有一种特别的魔力。那就是供奉于马卡雷纳教堂（Church of the Macarena，由塞维利亚的一个区而得名）内的圣母马利亚（Virgin Mary）雕像。她已经在那里待了300多年，为她的儿子耶稣之死而伤心泪流。

这是一件非凡的艺术品，始建于17世纪。有种说法是，它最初的创作者是一位女性艺术家，因为人们认为只有女性才能如此传神地捕捉到圣母的神韵。但在那之后，一直到今天，雕塑仍在被以不同的方式进行着修整。后来人们陆续为她加上了豪华的金冠、巨大的披肩和胸针（据说是当地一位有名的斗牛士所赠）。实际上，她现在拥有一套数量巨大、品种繁多的行头，还经常会换装。

人们对这尊雕像的日常维护乍看有点奇怪。但是给神明的

68. 圣母像面部的泪珠是用玻璃制成的,在精致的蕾丝头饰之下,依稀可见她的秀发。别在她身上的胸针据说是一位崇拜圣母的斗牛士的赠礼。

塑像着衣并有规律地换装这一传统有着漫长的历史，至少早在古希腊就开始了。而且毕竟这尊圣母像身上本来就应该带着一重人性的光晕。华丽的衣着之下，雕像的基本框架可能只是个普通的机械底座。她的泪珠由玻璃制成，但她的秀发却是由真人头发制作的。她的手是可以活动的，这样就能摆出不同的姿势。露在外面的那部分肌肤是木制的，因为木料不像大理石那样冰冷，也更自然。关于她脸颊上的伤痕，有种说法是：那是因为曾经有个愤怒的新教徒向她扔过一个瓶子。在社会礼仪的很多方面，她都被当作活人一样对待。比如只有修女才被允许为她更衣。

在基督教一年中最神圣的时节，复活节前夕"耶稣受难日"的傍晚，这座雕像就会被抬到教堂入口处。端坐宝座之上，在夜色中穿行，圣母像也仿佛有了生命，在灯火中摇摆闪亮。仿佛这尊雕像变成了圣母本人的在场。沿街簇拥的人群情绪无比激动：有的热泪盈眶，有的陷入狂喜，有的虔诚祝祷。

但教会的高级神职人员（一般被认为是个保守的群体）通常会与这种圣母像游行保持距离，对塞维利亚乃至西班牙各地的类似仪式也是如此，而且他们的态度更加矛盾。他们承认，大众的虔诚固然是值得肯定的，但就像人们会质疑圣洛可大会堂的奢华装饰一样，他们也对游行的大笔花销持有负面意见。无论是过去还是现在，牧师群体都一直不赞成类似的行为：人们挥霍大量金钱举办这些庆典，却不捐给穷人。教会管理层还有一种顾虑，就是对肖像的庸俗化。一位 17 世纪的神父在看到这座珠光宝气的圣母像之后，相当傲慢地贬损说，这简直是个妓女的形象，哪里还有圣人的样子。但是最迫切的问题是，圣母的形象是否窃取了应属于圣母本人的光芒。

这些崇拜者究竟在尊崇什么，他们的行为与"十诫"第二条中关于偶像崇拜的禁令在多大程度上相冲突（英王詹姆士钦定版《圣经》中提到："不可为自己雕刻偶像，也不可作什么形像……不可跪拜那些像，也不可事奉它。"）？人们关注的焦点，究竟在独立于雕像存在的那个马利亚的观念上，还是在雕像本身？形象和原型究竟重合到了什么程度？一个现代的神职人员，无论是亲切的、强硬的，还是居高临下的，他的要务都是提醒信众：塑像不是全部，塑像只是你借以接近神明的一种方式。它终归只是一座雕像，一种更高的意象的象征物。

这也是宗教艺术所面临的最基本也最永恒的问题，所有宗教都必须面对它。但就算几乎所有宗教都认定偶像崇拜是不正确的，它们之间在偶像崇拜的定义、对待这种行为的方式，以及那个更

---

69. 大多时候，马利亚的雕像装饰都光耀夺目，虽然她被高高地供奉在教堂的圣坛上，和我们有点距离，几乎被镀金边框所包围。

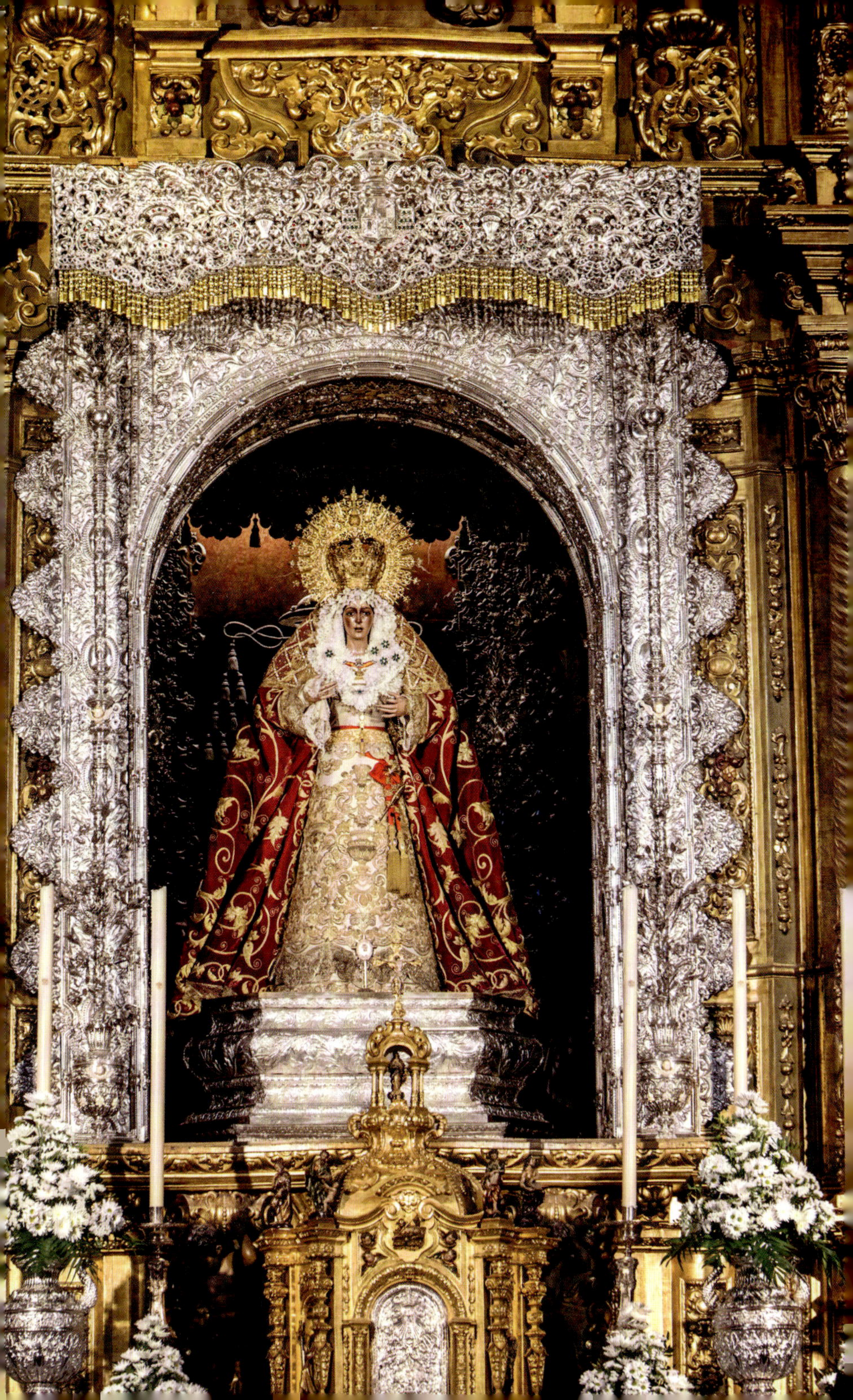

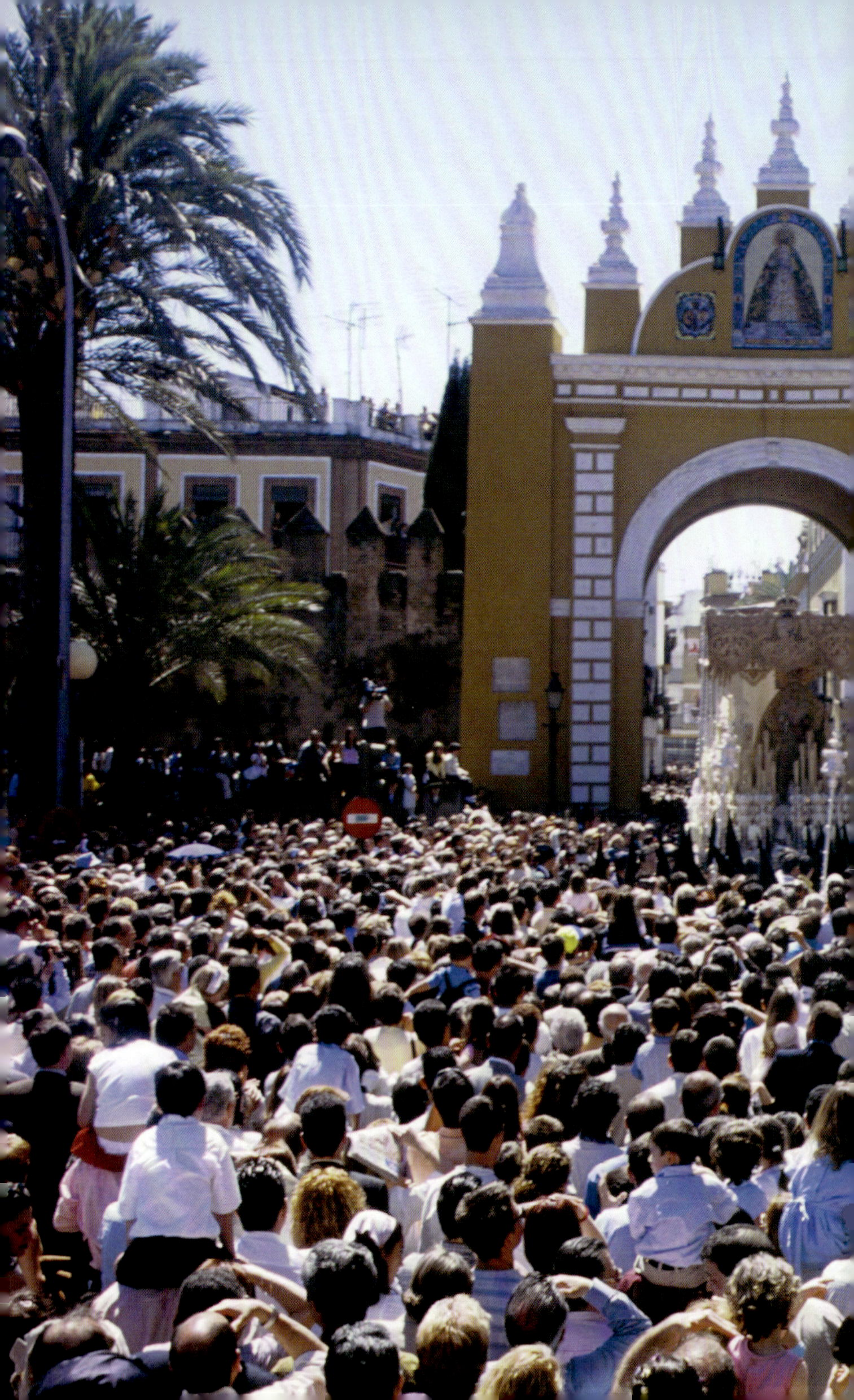

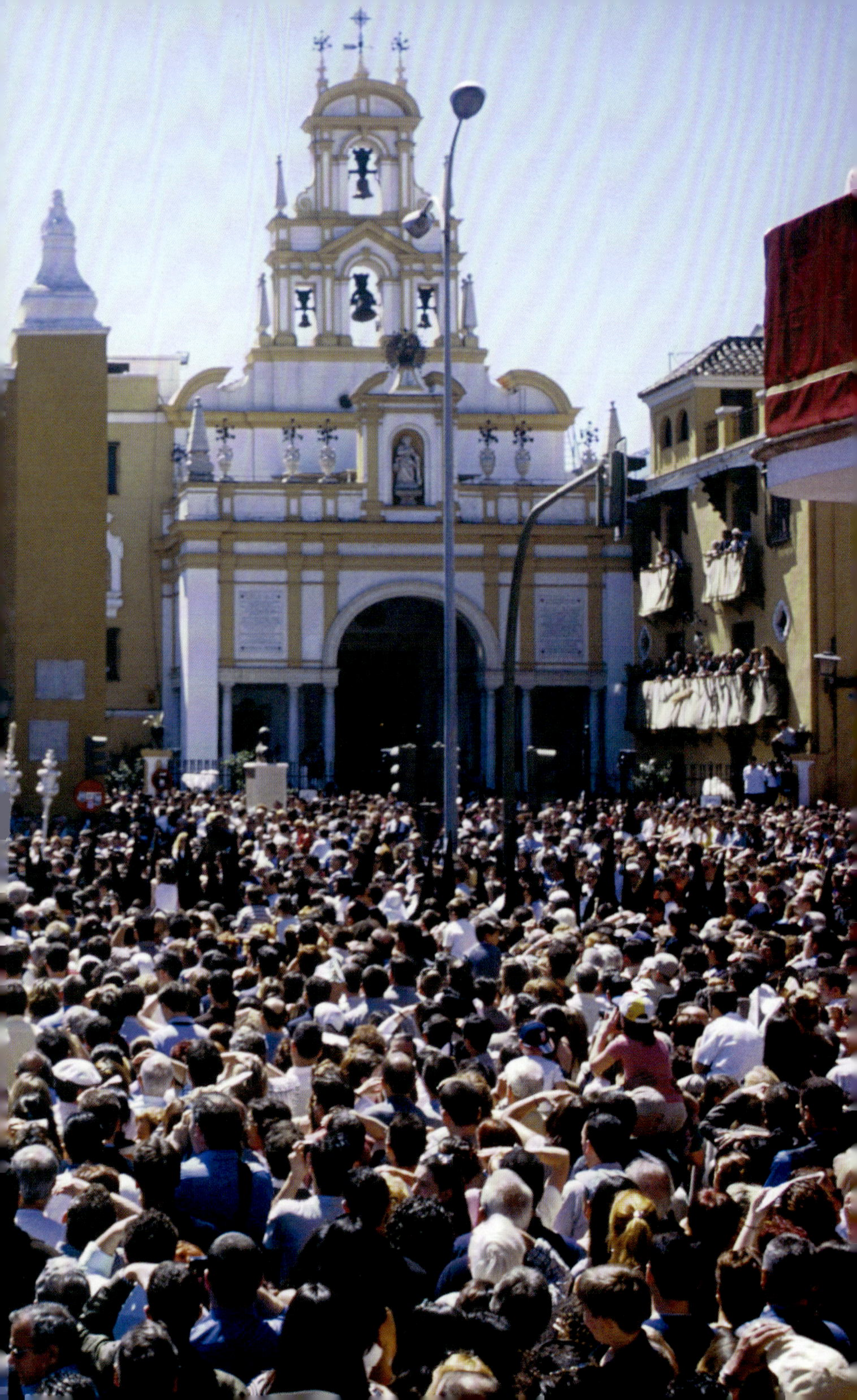

基本的问题,即宗教形象究竟是什么等问题上,观点也各不相同。自宗教艺术诞生直到现在,围绕这些问题的辩论从来都未曾停歇过。

70. 每年的基督教圣周,她都被移到花车上,走出教堂,面对巨大的人群——其中有信众,有观光客,有虔诚的,也(当然)有怀疑的。

伊斯兰教的艺术性

在伊斯坦布尔城郊，有一项充满创意且令人惊叹的现代宗教创举。这就是土耳其建筑师埃姆雷·阿罗拉特（Emre Arolat）极具前瞻性的设计，它建成于 2014 年，也就是不到 10 年之前才出现在这片土地上，从那以后一直吸引着各地游客。这就是桑贾克拉清真寺（Sancaklar Mosque），以其出资人的名字命名。

阿罗拉特的设计旨在驾驭现代主义——一个通常被认为相当世俗的艺术和建筑运动——以使之表达宗教空间的本质，剥离一切不必要的繁杂元素，并且与周围和谐融合，仿佛它从来都是"自然"地存在于那里的。这座清真寺在许多方面都极其颠覆传统。没有圆顶，没有着色，甚至在一定程度上还打破了礼拜时的性别等级。虽然在这里，男女仍然分开礼拜，但女性区域并不是像通常那样位于男性区域的后方，而是与男性区域并列的。而在另一些方面，它则充分利用了伊斯兰文化传统，几乎将宗教史写入了设计。内部空间的设计旨在模仿进入希拉山洞（Cave of Hira）

的历程——先知穆罕默德（Prophet Muhammad）最初就是在那里获得真主启示，并因此写出了《古兰经》(*the Quran*)的（这里，山洞对自然与人工建筑所作的融合就像在阿旃陀石窟的例子中一样重要，或者就像罗马帝国时代为密特拉神特制的地下神龛，或"洞"中一样重要）。建筑也唤起了许多人关于伊斯兰教的刻板印象：这种宗教坚定地拒斥艺术，不但禁止使用真主的形象，连任何只有真主才能创造的生物的形象也都不能出现。桑贾克拉清真寺里唯一的一种人造形象就是一句用精美书法写就的《古兰经》

71. 桑贾克拉清真寺唯一显眼的地上部分就是突出的宣礼塔，其他部分都与周边地貌融为一体，仿佛本来就一直存在于那里。

引文（"多多地记念你的主"）。仿佛我们来到这里的目的就应该是瞻仰——并且深深铭记——真主的言辞。

但伊斯兰教其实绝不是一个没有艺术的宗教。在其整个历史上，我们都看不到任何一例动物的画像或真主的形象。在某些私人场合，以及这种信仰的几个分支教派中，偶尔能看到先知本人

文 明 Ⅰ

72. 希拉山洞的朝圣者。山洞位于今沙特阿拉伯麦加城附近的光明山上。先知曾在这里冥想,并从天使那里获得了真主的启示。

的画像,据说当外国人给一些早期的穆斯林旅行者看先知的画像时,他们有时会心情激动得不能自已(虽然很关键的一点是,这种故事永远都发生在穆斯林聚居的区域之外)。广泛地说,在中世纪,伊斯兰世界曾经有过对美学、美的本质、人眼的光学原理以及人对自然世界的感觉体验等话题的极为复杂精妙的讨论。从这种讨论中衍生出了一大批丰富多彩的故事和寓言,这些故事和寓言彼此对话,探讨伊斯兰文化传统中艺术家的角色以及形象的作用。其中最有说服力的例子,是一个关于穆罕默德家庭生活的故事。

　　故事说先知有一天回到家里,发现他的妻子艾莎(Aisha)拿到了一块织有动物图案的挂毯,还把它挂了起来。先知勃然大怒,甚至不愿跨进大门:只有真主才能创造生物,而不是什么挂毯艺术家。于是艾莎就把挂毯取下,但她并没有浪费这些布料,而是把它剪碎,做成了小的垫套。这样似乎就没有问题了。

　　这个故事极好地说明了这一点:哪些形象可以被接受而哪些不能,是随着形象扮演的角色和所处的环境而变化的。而美术和文字之间的界限,当属我们在尝试理解伊斯兰文化对形象的定义

73. 清真寺的内部设计清晰体现了对山洞的模仿,唯一的装饰是一幅醒目的书法:"多多地记念你的主"。

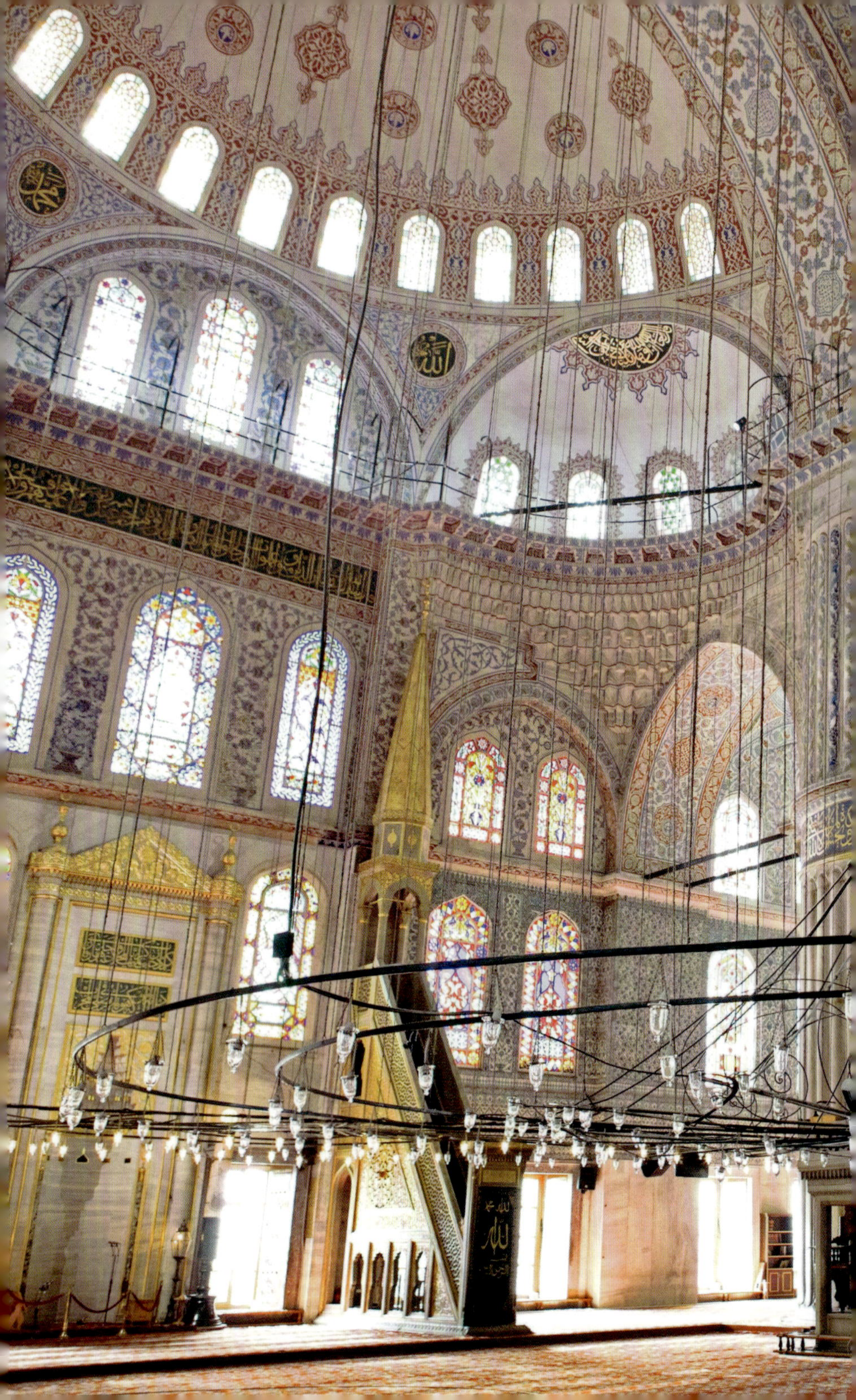

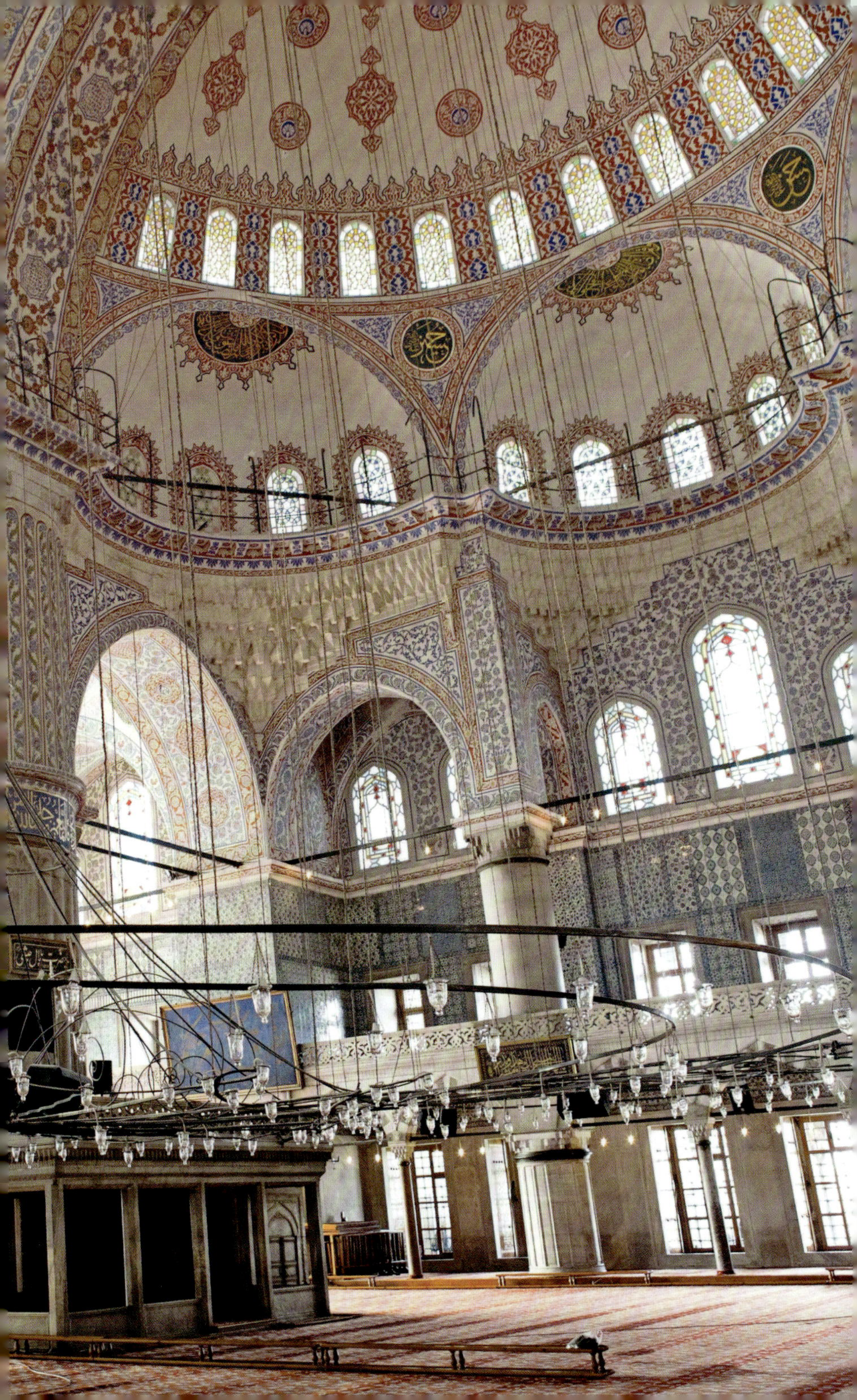

时最重要的因素。自从穆罕默德在7世纪从真主那里获得启示开始,书法——"优美书写"的艺术——就成了伊斯兰文化身份的核心内容,因为它是真主的话语传达、传播和展现的载体。精美的书法是伊斯兰教有别于其他宗教的重要特征,但它也提出了一个问题:究竟什么才构成一种"艺术形式"——从桑贾克拉清真寺中的那个简洁优雅的短句,到伊斯坦布尔中心的蓝色清真寺(Blue Mosque,下文称蓝寺)中那些极致华丽铺张的书法。

蓝寺是在17世纪早期由奥斯曼苏丹艾哈迈德(Ahmed)所建,他想让这座清真寺无论在体量还是在威仪上,都压倒城内所有其他的清真寺(可能是为了找补这位年轻统治者不太漂亮的军事记录)。一些现代的建筑评论家觉得它有点用力过猛,但艾哈迈德的同时代人用了一个军事比喻(这一点很重要)来形容它:"整个清真寺军队的统帅"。今天的礼拜者、朝圣者和观光客们似乎也同意这种比喻:每年都有数百万人来到这里,欣赏圆顶之下炫目的光影与色彩构成的美妙平衡。并没有任何动物的形象,墙体却因华丽的图案而生机勃勃,釉色鲜亮的瓷砖上,绘满了交织在一起的花草植物。在蓝寺的装饰中,有着整个伊斯兰世界最为精妙绝伦的书法作品。几乎可以把这座清真寺看作伊斯兰书法的巨大

---

74. 现在,蓝寺内部是一片灯光、彩色的窗子和圆顶交相辉映的非凡景象。这种巨大的柱子已不再受当代建筑史学家推崇。

75. 现代伊斯坦布尔背景下蓝寺的天际线轮廓。(罕见的)六座宣礼塔象征着这座清真寺对自己地位的夸耀。

展馆：这些被写下的文字，在任何一种意义上都具有强大的力量。

  刚一走进这座建筑，大门上方的题词就提示着你即将看到不同寻常的东西，你将穿过通往天堂的重重大门。而这只是贯穿整个清真寺内部的一系列提示之一。这些题词通常是引自《古兰经》的语句，用精美的书法写成，引导着虔诚教徒的思绪，帮助你解读所见。如果抬头看向主穹顶，那里的铭文就会提醒你，是真主阿拉在支撑着天堂与人间。最后当你穿过庭院大门离开这个建筑群，回到日常生活中时，则又会看到另一条讯息，它实质上是在

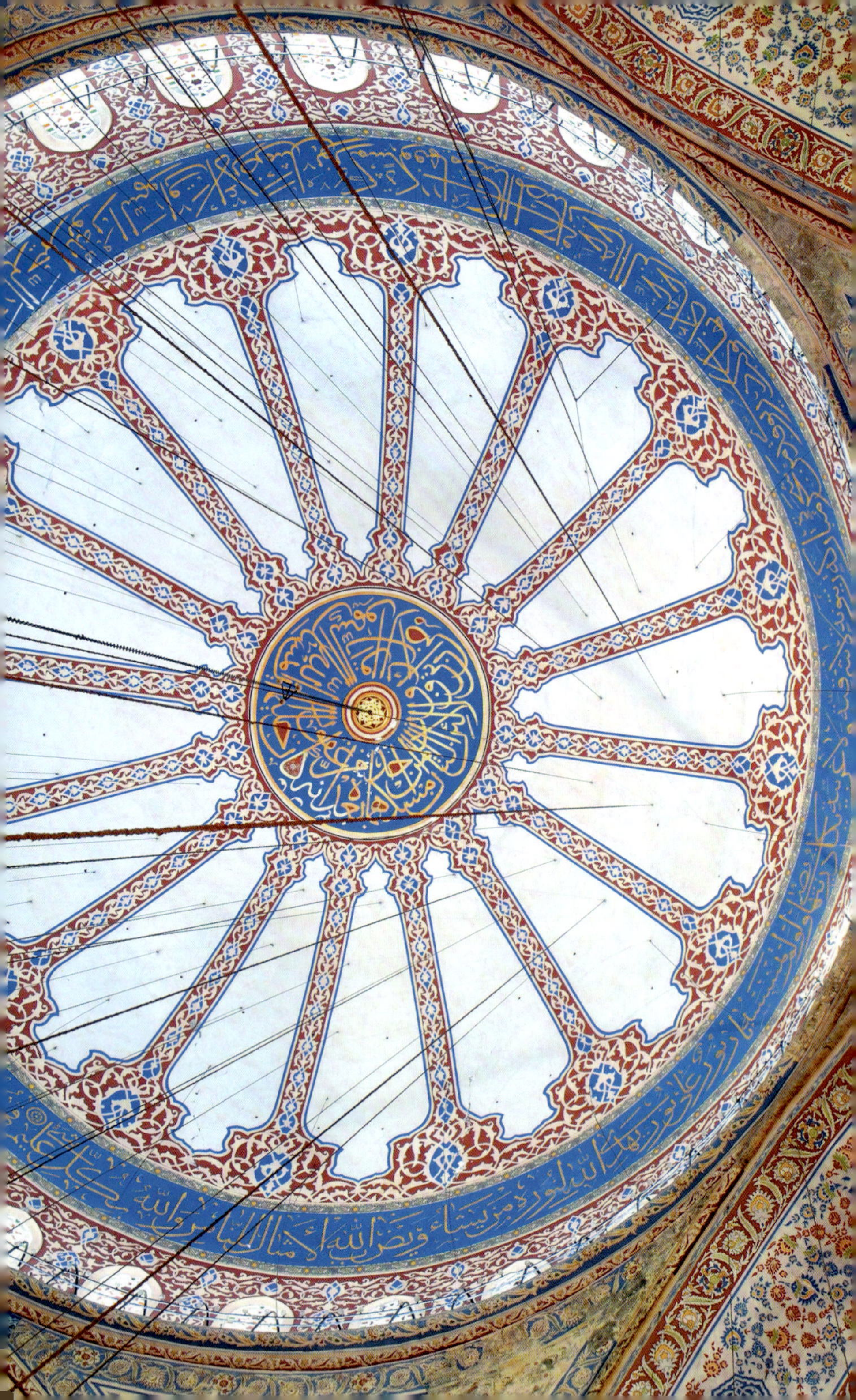

告诉你，应当通过祷告保持从此行中获得的纯净状态。这几乎就像一个文字形式的导览规划，告诉你该如何感受这座建筑，如何欣赏它。

然而对于那些过去曾到此礼拜的人们——以及现在的礼拜者——来说这些文字还有其他作用，它不只是某种"用户指南"。在这座清真寺历史上所有的来访者中，大多数人是无法阅读这些书写内容的：前来欣赏这一宏伟建筑的现代游客几乎没有几人能读懂阿拉伯文；而在此之前的大多数前来礼拜的信众，可能并不识字。甚至对于那些能够阅读的人来说，大多数文字的位置也太高了，肉眼无法看清，而且尽管书法的节奏韵律极富美感，这却无益于辨认其内容。但是，想要明白这些铭文的要义，你并不需要读懂它们。

书写的文字并不总是用来阅读的，它还可以在实用性之外，拥有更具象征性的用途。伊斯兰教书法，与其他宗教中的画像或雕塑一样都是用视觉形态呈现神明的尝试，只是在这里神明并不以人类的形象出现。它用真主的文字来展现他本身，书写的艺术中体现出来的正是真主。一些伊斯兰学者将它们比作清真寺皮肤上的刺青（它们可以传达特定的信息，如果你想要这样解读的话，

---

76. 从地面仰起头时看到的蓝寺圆顶。从我们站立之处几乎无法看清那些优雅的书写，但这展示了文字可以多么地具有装饰性和艺术性。

但它们的形象本身就是一种强烈的视觉象征)。或者就像一位现代书法家更直接地带有宗教意味的总结：这些文字是"一种佑护，只要抬头看它，你就会得到它的一部分赐福"。更为直接有力的说法是，在伊斯兰教内部各种关于形象制作的争论中，以及在官方通常采取的简单粗暴的禁令面前，书法不断进化，最终重新定义了"真主的形象"这一概念本身，使文字变成了形象。

《圣经》的故事

从很多方面来说，伊斯兰教都将文字艺术发展成了其专属特征，但它绝不是唯一一个用书写来调和"如何呈现神明形象"这个问题的宗教。譬如，基督教的福音书就声称"道（Word）就是神"，而犹太教艺术家有时也会充分地利用文本与图像的重合之处，让其间的界限更为模糊。这种情况最有说服力也最吸引人的例证，莫过于一本非常特别的犹太《圣经》，它被抄录并绘制于15世纪中叶的西班牙，现藏于牛津大学博德里安图书馆，被称为《肯尼科特圣经》(*the Kennicott Bible*)，得名于在18世纪对馆藏图书进行重整的馆长。

《肯尼科特圣经》包含大量引人入胜的插图。在犹太教和基督教内部，人们都针对"摩西的第二条诫命在实践中意味着什么"进行过长达几个世纪的争论。它禁止的究竟是什么？是制造形象还是膜拜形象？另外，就像我们在塞维利亚的例子中已经看到的那样，使用或欣赏形象和崇拜形象之间的边界在哪里？但是，除非

77.《肯尼科特圣经》里的这对人物形象和第二条诫命("不可制造偶像与拜偶像"——译注)出现在同一页,着实显得奇怪。

其作品内部就包含严重的矛盾，或他们有意藐视宗教律法，否则，就是这部《圣经》的设计者并不认为摩西的律法禁止了用全套华丽的图像来装饰《圣经》的文字。甚至，在包含了第二条诫命本

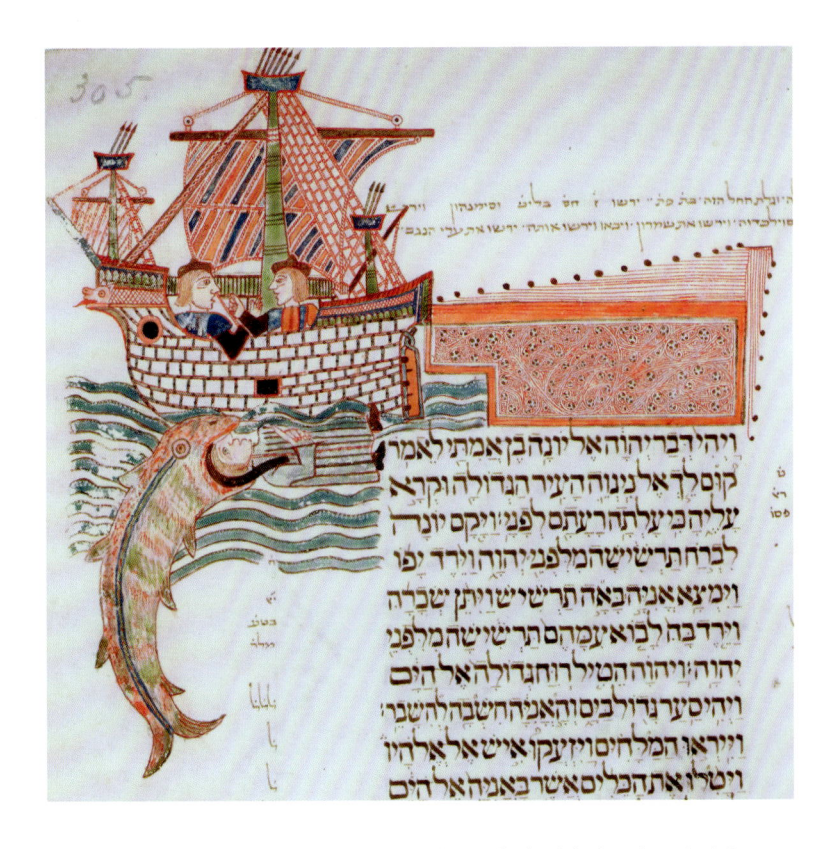

78. 这幅画里，先知约拿被希伯来文的《圣经》中形容为一条"大鱼"的生物吞下，而英文版本中说的是"鲸鱼"。根据《圣经》故事情节，这条鱼其实救了约拿一命（他在暴风雨中因为没有遵从上帝的指令而掉下了船），他很快就被吐出来，继续完成上帝交付的使命。

身的那一页上，你就能看见一对小人儿的形象，似乎还没穿裤子。而在整本书中，犹太教的象征图案和《圣经》故事中的形象，都欢快地舞动在文字周围（从一整页的犹太灯台，到一个看上去极其被动的约拿掉进鲸鱼口中的画面）。

但是，让这部《圣经》显得尤为珍贵的原因，还在于它出现在15世纪西班牙历史上一个转瞬即逝的时刻，当时，犹太教、伊斯兰教和基督教的艺术传统短暂地交融到了一起，催生了很多艺

79. 这些"微小的字迹"（位于图案的白色空隙里）极其微小，几乎不可能看清，更不要说阅读了。

80. 黄金御座上的大卫王形象，和现在西班牙纸牌上国王的装扮如出一辙。

术灵感。宗教并不总是像我们想象的那样相互隔绝，它们其实是时常交流并且不断相互影响着的，这种影响既存在于教义方面，也存在于表达方式上。在这本书里，艺术家看起来就在充分地利

אנכי יהוה
אלהיך לא
יהיה לך לא
תשא לא
תחמד

用中世纪晚期西班牙的这种文化和艺术的融合。有一页上的画面格外有趣，无论从什么角度看，它都像是一幅伊斯兰挂毯，而且必然是对某个伊斯兰艺术品原型的临摹之作；但图案周围却有一圈由极小的字母写成的文字（术语叫作"微写"，即"微小书写"），这是一种犹太传统。另一页描绘了《圣经》里的大卫王（King David）形象，但使用的显然是欧洲纸牌的绘画形式和风格。

绘制这些图案的艺术家得意地将他的名字签署在全书末尾，占据了整整一页。"我，约瑟夫·伊本·哈隐（Joseph Ibn Hayyim），装饰并制作了这本书。"犹太《圣经》的图案绘制者是很少署名的。即使署名，也不会用一整页，或者用这种超大的希伯来字母，还画成人物——有裸体有着装的——和动物的造型。他签名中的每个字符，都表现为身体扭曲成特定形状的男人或女人，或是古怪的人与鸟兽的混合体（有一条长着人头的条纹鱼，正用尾巴来撑住自己的头，还有另外一个人公然暴露出臀部，正在被一只鸟的利喙猛啄）。真是一出精彩绝伦的闹剧。约瑟夫就是这样一个艺术家，即使画到了最后一笔，也没办法保持低调，必须炫技到底。

81.《肯尼科特圣经》末尾处，艺术家签名中的字母是由各种各样的生物构成的：有人类，有动物，有裸体的，有着装的，有出于幻想的也有（几乎是）现实主义的。

但这其中涉及的绝不只是一个名字。以他特有的玩笑方式，约瑟夫指向的是关乎图像的本质的问题，那些令众多宗教在此产生分歧的，关于文字与图像之关系的问题。并且，当他心满意足地笑着将名字写入自己的得意之作——这本他亲手装饰得如此华丽的《圣经》——时，他也暗示着，这场辩论可以完结了：书写的文字和人体形象在他的手下融为了一体。

这个故事如果只讲到这里，就完美了。但其实故事的最终结局颇为辛酸。1492年，也就是约瑟夫完成他的得意之作之后不到20年，天主教徒以一场残暴的大清洗将犹太人从西班牙赶尽杀绝。留下来的这部《圣经》，不仅见证了那个宗教融合的时代，也见证了宗教战争的恐怖。我们接下来要讨论的就是战争与冲突——无论是宗教内部的，还是不同宗教之间的——而这些冲突的核心，经常就是围绕图像的争执。

战争的伤疤

"反偶像主义"（iconoclasm）源自希腊语，该词的本义是"破坏形象"。千百年来它一直是基督宗教的一个重要元素，因为对宗教艺术的损坏，向来是和对它的欣赏与喜爱并存的。盘旋在马卡雷纳教堂圣母像周围的紧张氛围已经清楚地显示：痛斥偶像崇拜很容易，但要在究竟什么算是偶像崇拜，什么又不算上达成一致却很难。不过——除了那个新教徒掷出的瓶子，如果确有其事的话——马卡雷纳的圣母像其实并没有遭受大规模的实际攻击。然而在基督教整个历史中的其他时代和其他地方，"形象拥护者"与"形象破坏者"之间一直存在着暴力而持久的冲突。其具体成因、社会背景、叙述者和当事人各不相同，但它们共享一些相同的重要主题。

这些断断续续的持久冲突最为激烈的时期之一就是公元8世纪。此时距离那场在圣维塔教堂中留下了痕迹的早期基督教神学论战，已经过去了200年。事件开始于726年，发生在拜占庭

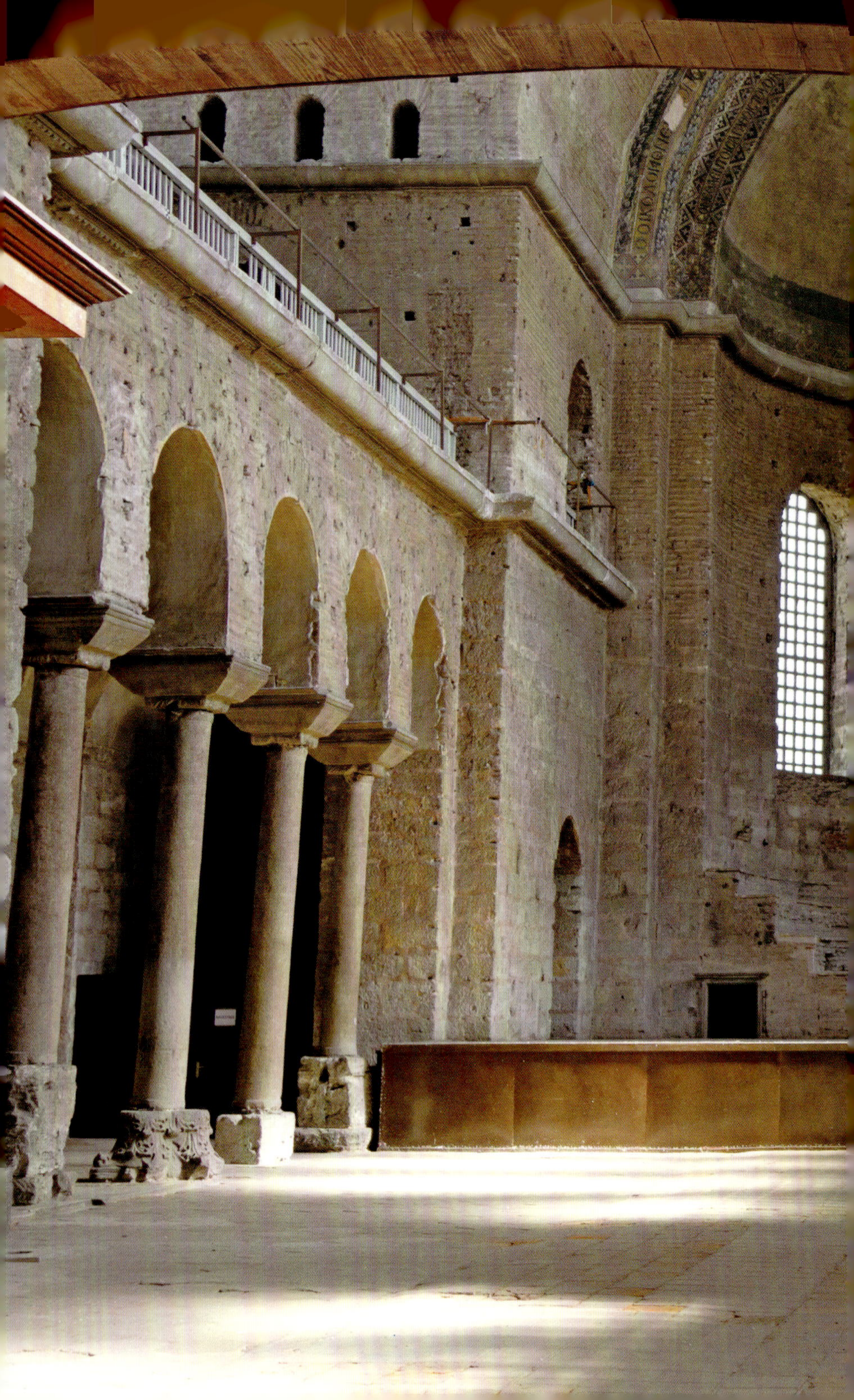

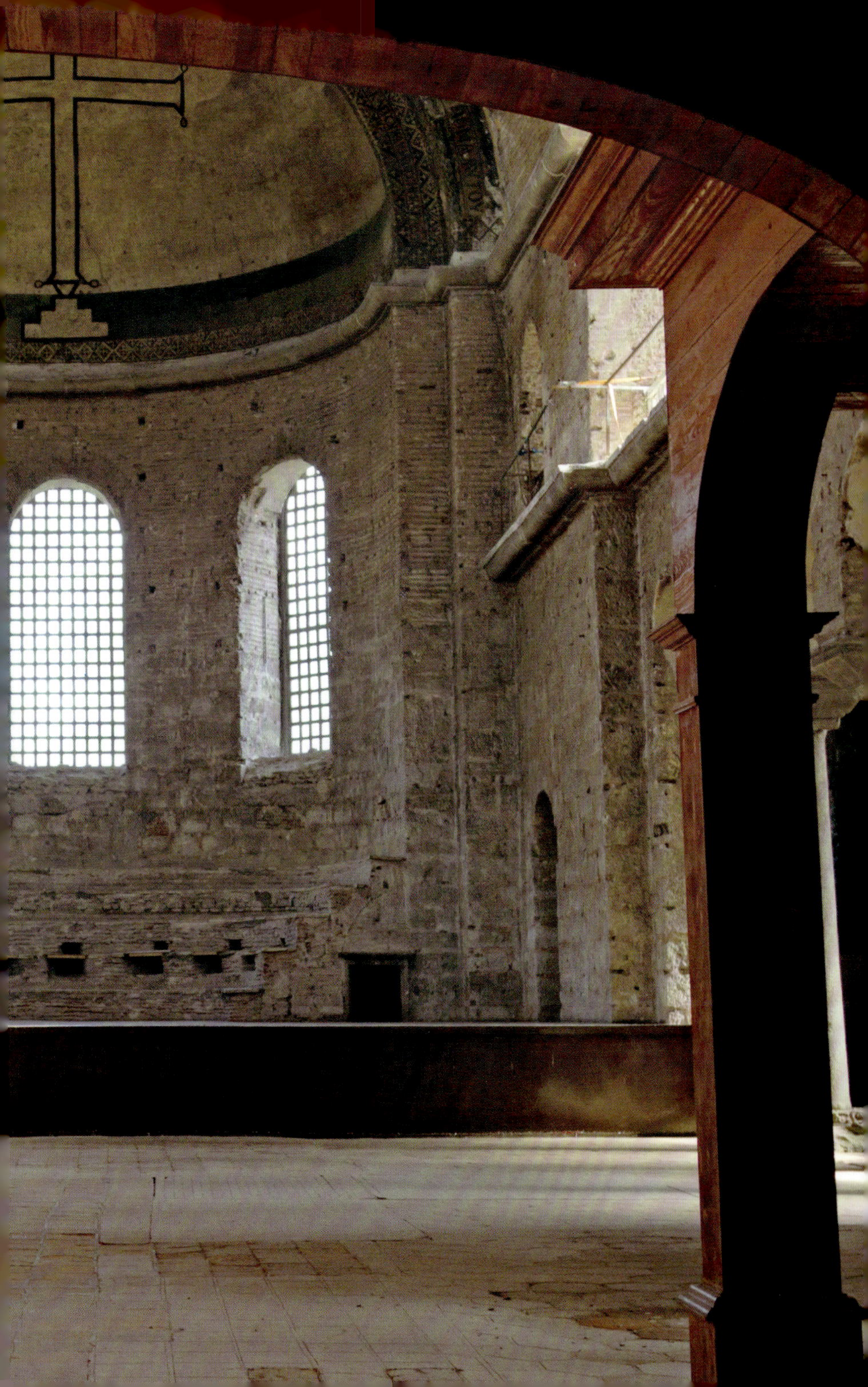

帝国的首府（现在的伊斯坦布尔），当时——至少人们是这么说的——皇帝下令将耶稣的形象从他的宫殿外墙上撤掉。已经持续多年的形象论战何以在此时以如此迅猛的形式爆发？这一直是个未解之谜。（部分原因会不会是因为拜占庭的帝王想要强调他对教会的权力？或是受到了伊斯兰教的影响？）但无论出于什么原因，那幅画像的移除，都标志着对所有神明形象——画像、雕像、镶嵌画——的禁止。这条禁令在接下来的100多年里一直或多或少地发挥着效力。

争执最终以"形象拥护者"的取胜而告终，而且流传下来的也大多是他们一方的论证。他们为宗教形象的使用作出了清晰的辩护：形象可以把教堂装饰得更美，可以有力地推动教义在信众中的传播，还能让神明显得更加"真实可感"。而关于反偶像主义者，则流传着种种可怖的传言，其中最严重的，声称那些捣毁耶稣像的人的邪恶程度，仅次于起初在十字架上钉死他的人。就像在任何其他历史事件中一样，我们总是很难获知落败一方——也就是反偶像者那一方——的论证，虽然我们大致可以猜出他们

---

82. 位于今伊斯坦布尔的圣艾丽妮教堂（神圣和平教堂），重建于8世纪40年代，可以让我们窥见反偶像主义者的美学理念。赤裸的砖墙上本可以铺上大理石，后殿空空荡荡，唯一的装饰就是一个典雅的，甚至有些现代主义感的十字架。

的论点可能是什么（肯定是在第二条诫命的基础上演绎出来的）。除了唯一一座硕果仅存的位于伊斯坦布尔的风格简朴素雅的教堂，我们几乎无法知悉他们偏好的宗教装饰风格。而他们造成的破坏，也并未留下多少痕迹。

但在几千英里之外，我们却得以看见大约一个世纪之后，在极其迥异的背景之下，另一群基督教反偶像主义者的"杰作"及其复杂性。它是16至17世纪英国新教徒和天主教徒之间一系列冲突中的一环。这些争端涉及从神学教义到政治斗争的一系列问题，而关于宗教形象的分歧，则成了双方斗争的一个主要交锋点，以及其核心差异的缩影。至今仍能在这个国家的各个教堂和主教座堂中看到这场斗争的痕迹，所有与天主教相关的"偶像崇拜图像"或其他"过度装饰"都被得胜的新教徒破坏或移除了。其中最有代表性的遗迹就是位于英格兰东部沼泽区域的一个地标性建筑：伊利座堂（Ely Cathedral），虽然后来经过大幅重修，但仍是中世纪哥特建筑的一件瑰宝。令人印象颇为深刻的是，巨穴般的中殿内，雕刻花饰仍然呈现着中世纪的色彩，富丽的八角灯高高悬挂，似乎一仰头就可以望进天堂。然而在宗教大分裂时期，美轮美奂的伊利座堂遭受了英国最坚定的新教改革者的破坏。

1644年1月9日，奥利弗·克伦威尔（Oliver Cromwell）——时任伊利城的总督，在英国宗教战争史中最被神秘化，同时也最

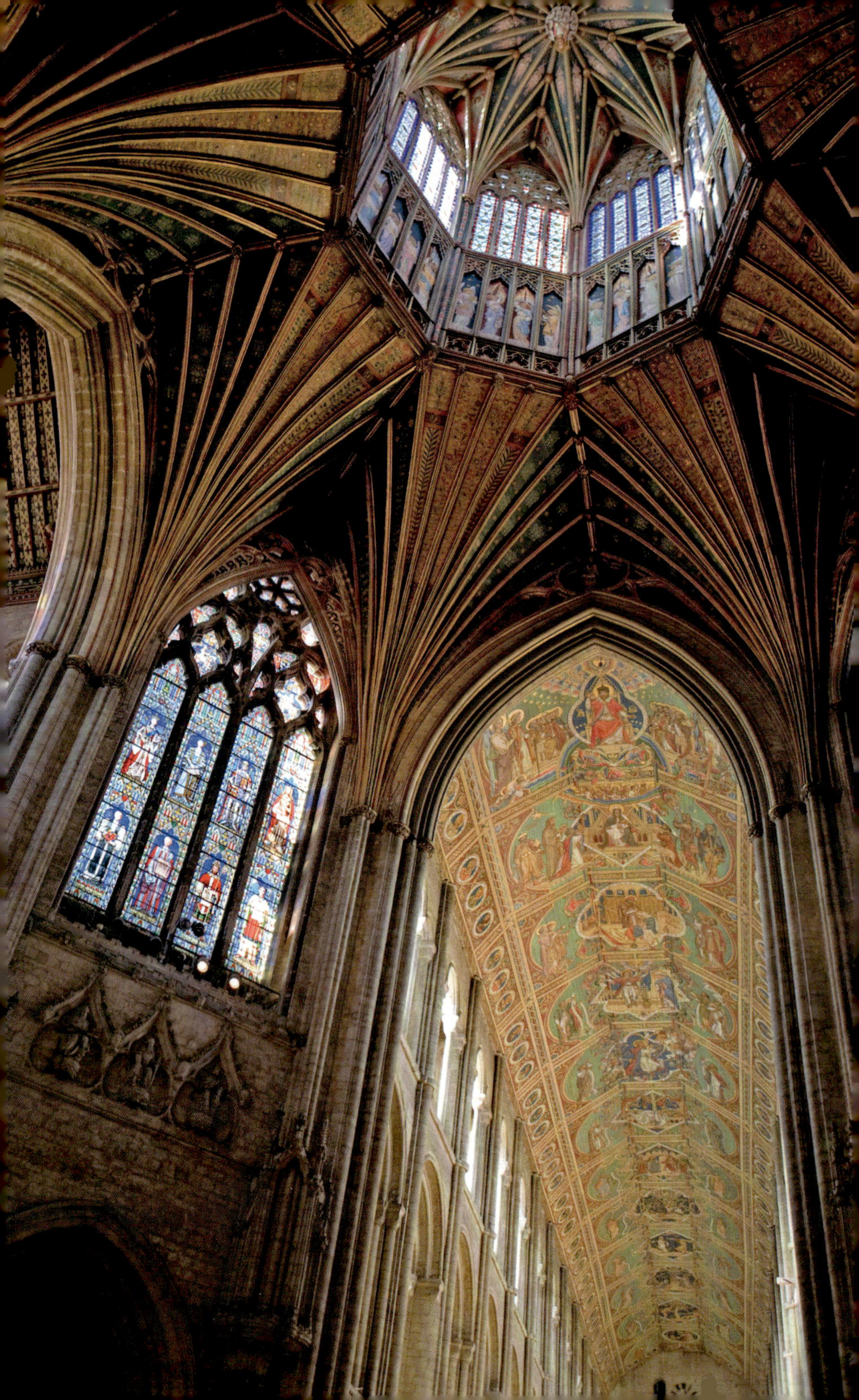

扑朔迷离的战役之一中，据说他长驱直入座堂，直奔当时正在主持晚祷的神父，命令他放下（天主教版本的）祈祷书，并让唱诗班停下（一个"关掉音乐"的关键时刻）。接下去的几天，按照流传的说法，他大力鼓动——或者至少没有阻止——他的人马摧毁建筑内的装饰、形象和彩绘玻璃。他们一路踏过法衣室和回廊，所到之处尽被捣毁。

克伦威尔的袭击只是伊利座堂在漫长的宗教改革运动中遭受的诸多攻击之一。改革者们认为座堂内的形象都是天主教的迷信，会妨碍人们领受上帝的真正旨意，所以必须被销毁。而正是在圣母堂内（天主教座堂中专门敬奉圣母马利亚的殿堂）还存有在此之前几十年的另一场大破坏的清晰痕迹。这里发生过各种各样、出于不同动机的反偶像破坏事件。最初彩绘玻璃就被砸光了，反偶像者们还捣毁了圣人、国王和先知的雕像，以及描绘圣母生平的图画。他们有时会把整尊塑像都毁去，但更常见的做法是只去除头部和手部，而将雕像的躯干留在原地。看起来他们像是挑了最能赋予雕像生命力量，或是最能引发人群共鸣的部分来毁坏。这不仅仅是一系列随机的蓄意破坏，而是一场有目标的，甚至是经过深思熟虑的毁灭行动，其背景就是关于宗教形象的力量及其

---

83. 伊利座堂，上有巨大的"灯笼"，下有宏伟的中殿（彩绘穹顶是19世纪时修复的）。

文 明 Ⅰ

84. 伊利座堂的毁坏行为只把雕像头部或者其他可拆卸部分从身体上移除，雕像多少算是得到了保存。完全毁坏的情况并不多。

潜在危险性的辩论。

我们经常会谴责偶像破坏行为，无论是早期基督教徒对异教神像的损毁，还是塔利班对巴米扬大佛的毁坏，或是——就发生在最近的——"伊拉克和黎凡特伊斯兰国"（ISIS）对巴尔米拉罗马遗迹的破坏，而这种谴责是完全可以理解的。我们惋惜这些损失，以及无辜人群所遭遇的暴力，因为针对人的暴力通常也是此类行动的一部分。但我们的反应往往受到了那些形象拥护者观点

85. 反偶像主义改变了伊利座堂圣母堂的整个美学风格，但不一定是把它变得更糟，我们现在看到的这个空旷而轻盈的空间就是一个例证。

的影响,在他们眼里,反偶像主义的种种作为在最好的情况下也不过是些愚蠢的暴行,而最差的时候则是邪恶的野蛮行径。有时的确如此。但事情往往更复杂,在伊利座堂里发生的事情告诉我们,还可以有另一种看待它的方式。在那里,大多数雕像——头部和手臂被毁损了之后——仍然被放在原处供人观看。似乎偶像破坏者有意让这些被毁坏了的雕像本身作为一种形象呈现出来。现在这些雕塑仍然傲然屹立,带着被摧残的伤疤,构成了那场宗教冲突的视觉化叙事。

但这场毁坏艺术的运动仍然产生了一些更深远,而且无疑在其始作俑者意料之外的后果。这再次取决于我们选择以怎样的方式去观看。无论我们在这些关于宗教偶像形象的根本神学讨论中与哪一边的立场更为利益相关,这里需要我们考虑的也绝不仅仅是毁坏行为本身。你甚至可能想说,没有了那些曾经挤在墙上的圣人、国王和先知的塑像,圣母堂算是被解放出来了,并获得了另外一种类型的美感。它现在的状态不失为一个美学上极为令人愉悦的空间:轻巧空灵,简朴与装饰恰到好处地结合在一起,在破坏与创造之间取得了完美平衡。这一切都拜反偶像主义者所赐。

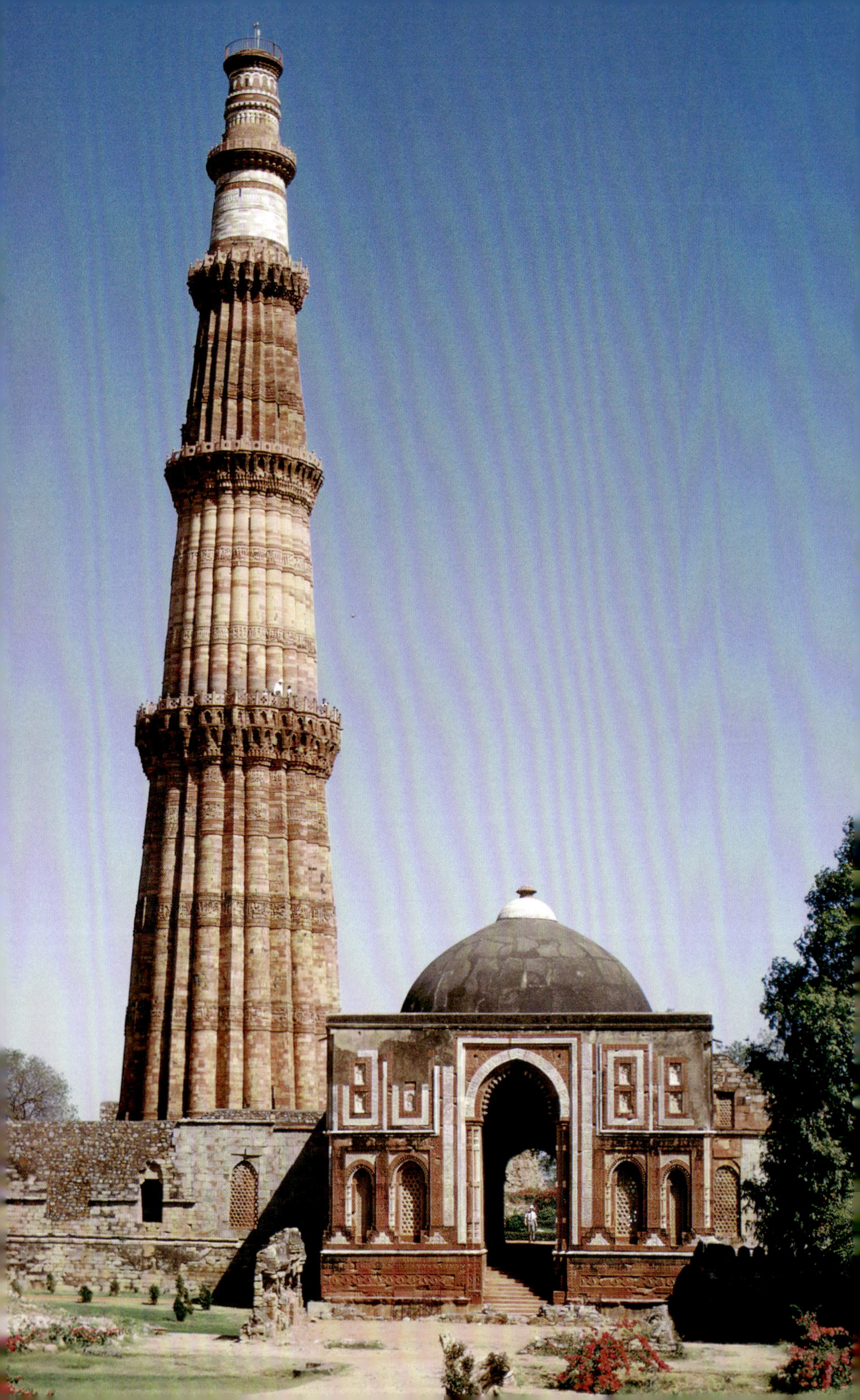

印度教之形，伊斯兰教之风

当我们讲述反偶像主义者在艺术方面的作为这个故事时，常常会忽略一些矛盾性。但它们确实颇具意味地发生在了另一场宗教之争——12 世纪不断扩张的伊斯兰世界与印度次大陆的印度教传统间的争执——之中。

12 世纪晚期，来自阿富汗的穆斯林军队入侵了印度北部。所有人都说他们被自己在那里的发现震慑了。那里是印度教的发源地，人们崇拜的不是某个单一的神，而是——根据某种统计方式——几百万个不同的神。更可怕的是，整个印度的艺术家们还在无休无止地制造出更多的宗教偶像，因为它们是印度教信仰中至关重要的一部分。早在 10 世纪，穆斯林作家就经常这样形容印度了：这是个对偶像的崇拜已经疯狂入痴的地方，甚至可以说是

---

86. 库特巴乌勒伊斯兰清真寺（Quwwat-ul-Islam Mosque）建筑群中的宣礼塔，始建于 12 世纪 90 年代并不断修整至 13 世纪。

（在他们眼中的）偶像崇拜行为的发源地。有种说法认为这些宗教形象在全球分布得如此广泛，全是因为挪亚（Noah）的那场洪水把它们从印度冲到了世界各地。那么，伊斯兰教是如何对待他们面对的这些宗教形象的呢？

关于这个问题，有很多被传回到穆斯林世界的故事，说的都是入侵者如何捣毁了印度的庙宇和偶像。事实上，这一相遇中实

87. 一些印度教元素被糅合到了后来的伊斯兰教建筑结构中。与伊利座堂的情况一样，虽然人体形象的核心部分被毁坏，但还是能清晰地辨认出这是一个人形。

际发生了什么，以及伊斯兰教文化无论是在这件事上，还是在其他事件上的做法，都是和流言大不相同的。在厌恶和反感之外，他们对印度教形象和印度偶像崇拜的历史场所也怀有相当的兴趣，甚至是迷恋。有些形象还被当作有趣的小物件和收藏品，在伊斯兰世界流通起来。一个很能说明问题的事件是，伊斯兰教势力在征服西西里岛时，虏获了一些金制雕像。这些雕像并没有被损毁，而是被穆斯林们打包运送到了印度，简直就像在"遣返"它们一样。体现这种现实情况复杂性的最好案例，就是在德里建造的第一座清真寺——库特巴乌勒伊斯兰清真寺（Quwwat-ul-Islam Mosque）。

这座修建于 12 世纪 90 年代的建筑，曾经以"全世界最宏伟的清真寺"而著称。数道巨大的拱门组成恢弘的入口，高耸的宣礼塔宣告着伊斯兰教才是唯一真正的信仰，中央庭院旁是一条精致的柱廊。很容易想到，这里对它当年的穆斯林修建者来说，就像是在偶像泛滥的印度教世界里的一块伊斯兰文化的孤岛和避难所。但即便在这座建筑里，印度教的世界也并未如它看起来那样远离。

各种各样早期印度教的结构和形象元素都被重新使用，并融入到这座清真寺的构造之中，不过人物形象的面部常常被去掉了。这样做的一个目的应当是强调伊斯兰教征服的事实，并且至少中性地显示这些印度教"偶像"曾经的样貌（而不是像圣维塔天主教堂对待异教元素时那样充满得胜者的炫耀姿态）。但如果我们进一步仔细观察它们的话，会发现同样令人惊叹的是，即使这些人物形象被移除了面部，那些使它们成为人形的元素还是被保留着的。这些新清真寺的建造者们一致地选择了重新使用，而非摧毁或丢弃那些人体形象，这个清楚的事实体现了他们对人体构造和形象的尊重。用另一种方式来说就是，在决裂的同时也存在着连续性。这是一个明显的线索，说明建造这座清真寺的一些手工艺人是在印度教传统下接受的训练，或者可能本身就是印度教徒。但这一做法还是流露出了一些对形象的欣赏，虽然伊斯兰教是贬斥形象的。

就像伊利座堂的例子所显示的那样，即使在最极端的反偶像主义中，艺术仍然存在，并且是与信仰密不可分地共存着。

文明的信仰

在本书的最后，我还是要回到古代世界，探访当时西方世界最负盛名的宗教场所之一，也是最富丽堂皇、最色彩斑斓、神圣氛围最强烈的如梦似幻的宗教形象汇集处：雅典卫城（Acropolis）。现在要想象这些并不容易。我们今天看到的它已是一片废墟，布满尘埃，荒芜滑腻，但这和宗教的反偶像主义没什么关系，而是19世纪考古学家们的"杰作"——他们满腔干劲地想要弄清这个遗址的老底，结果真的就翻了个底朝天——洗劫范围深入到基石之下，只剩下公元前5世纪古代雅典全盛时代的一两座纪念碑。然而，2500年之前，这里却是一场视觉与想象的盛宴。到处是神明，到处有神明的故事、与他们相关的元素、他们的财富以及他们的雕像，甚至传说古代诸神曾经在这里走动。你至今还能看见神明坐在上面休息的那块岩石，或是海神波塞冬（Poseidon）将他的三叉戟插进土里的地方，举目望去，四处皆是宗教供奉、祭坛和神庙。

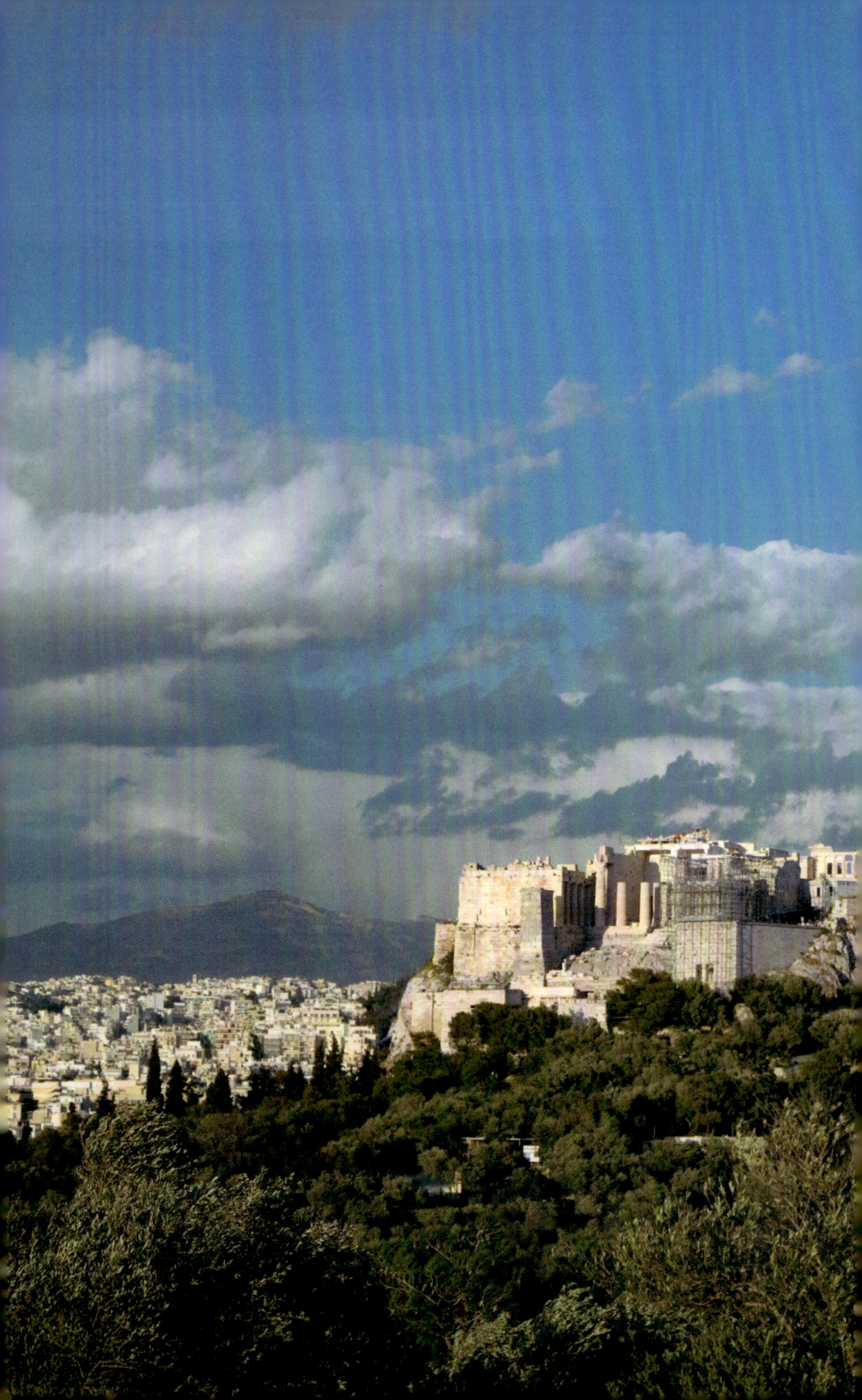

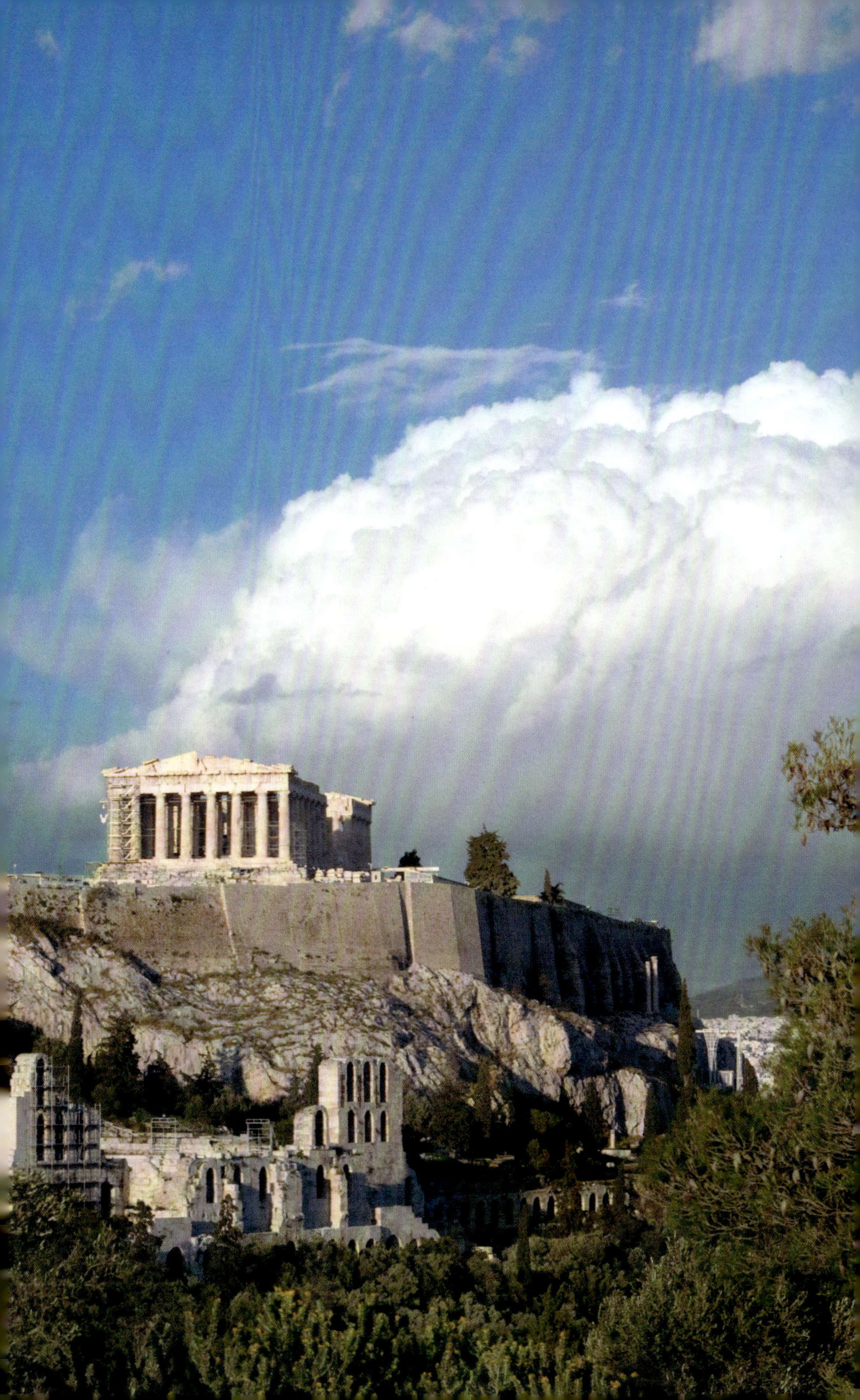

古代的到访者们必定也争论过神像到底应该如何塑造,怎样才算表现了神明最真实的形象这类问题。以我们现在的眼光看,这些异教的神就像一个陌生的群体,尽管关于他们的神话描写细致入微,有的讲述他们的个人恩怨,有的关于他们对凡人生活任性甚至恶意的干扰。但在对神明的描述方式上,古典文献还是将这种宗教争论的鲜活传统保留了下来,而这也和之后大众更为熟悉的争论不无相呼应之处。

公元前6世纪的一位著名哲学家——来自现今土耳其西岸地区的色诺芬尼(Xenophanes),挑战了依据人类形象来塑造神明这一整个概念,他举例说,如果牛和马能够绘画和雕刻,它们造出的神明形象就会是牛和马的样子。还有人认为最好的神明塑像不应该是由人所造,而是自然天成的,甚至就是天神亲赐的礼物。有这样一个有趣的故事,一群莱斯博斯岛的渔民用渔网捞到一段浮木,上面的刻痕就像人脸一般。渔民们心想这一定是神明的脸,就去询问特尔斐的神谕,神谕确认说那是酒神狄俄尼索斯(Dionysus)。结果那块浮木就成为岛上居民的崇拜对象,它的一个青铜复制品还被送到了特尔斐。类似的故事还发生在卫城当地,

---

88. 雅典卫城。公元前5世纪的帕台农神殿是其中的主要建筑,巨大的入口设在左边。这个遗迹现在已经被洗劫一空:大多数后来的建筑部分都被19世纪和20世纪初的考古学家带走,只剩下空荡荡的古文化神殿。

89. 帕台农神殿就是联合国教科文组织（UNESCO）徽标设计的灵感来源，基于古希腊的文化遗产与全球文化视野。

现在被称为厄瑞克提翁神殿（Erechtheion）的建筑中，曾经竖立着女神雅典娜（Athena）的雕像，据古代作家的说法，那是（这件物品本身失传已久）一块橄榄木——有人认为是降自天上的神迹。

但那里最著名的雕像——可能在一个世纪之前毁于大火——则完全是另外一种风格：雅典娜的巨型雕像，以黄金与象牙为材料，装饰得极尽奢华，并呈现为人类的形象。那是卫城最宏伟的神庙帕台农神殿（the Parthenon），即处女女神雅典娜（Athena Parthenos）神庙的镇殿之宝，神殿建于公元前5世纪中叶，资金来自雅典帝国对周边地区的掠夺。帕台农神殿虽然已经相当宏大了，但它还不是希腊世界最庞大的神庙（这个头衔要授予以弗所的阿尔忒弥斯神庙），然而它却因其建筑设计的精准和非凡的装饰而举世闻名。这座建筑几乎在每一个可能的地方都置入了精美的雕塑。但在当年，并不是所有的雅典人都像我们现在这样欣赏它。有些人认为这项工程的部分装饰太过华丽，简直把雅典的守护神扮成了娼妇。还有句玩笑是：老鼠都能在雅典娜女神雕像的裙子里造窝（这些黄金象牙雕像并不是实心的，而是建在一个框架之上，与塞维利亚的圣母像披上外衣的方式类似）。

现在，这座古老的神庙已经只剩骨架，或者说只剩下后世所建的那些宗教建筑的骨架——在古典世界消亡之后，人们又出于各自不同的目的，陆续将神庙的建筑结构夺为自己所用。只是那段漫长历史里的种种事件，往往在雅典娜神庙的光彩之下显得黯淡无光。在之后的几百年间，它依然屹立不倒，先是被改造成基督教教堂，然后在奥斯曼帝国治下变成伊斯兰教清真寺。一位1675年的英国旅行者曾称之为"世界上最华美的清真寺"（这项美誉的又一位竞争者），而且从同时代的另外一些描述来看，虽然伊斯兰教有形象禁令，但一些起初就建在那里的古代雕像还是安然无恙的。略带讽刺的是，异教的帕台农神殿能够得以幸存，是因为它被基督教徒和穆斯林改变了信仰，这两个宗教都觉得自己从这个神圣之地的前辈管理者手中接过了一个便捷的栖居地（同样，无疑也是他们自身主宰地位的象征）。可能更具讽刺意味的是，只是因为1687年的一场毁灭性的爆炸——在威尼斯与奥斯曼帝国的争战中，被扩建改造成军火库的帕台农清真寺被威尼斯人的炮弹击中起火——这座建筑才最终被摧毁。

但这个遗址又向我们提出了新的宗教问题。除了一小部分异教复兴主义者，对于我们大部分人来说，这样一个曾经为神明

90. 1687年帕台农神庙被毁之后，它的废墟上建起了一座新的清真寺——见丹麦画家克里斯蒂安·汉森（Christian Hansen）1836年的水彩画。

而设的古老纪念物，就只是一个博物馆或者古代珍奇，那么我们该如何看待它？在面对帕台农神庙这样的古迹时，我们很容易认为无论这里曾经存在着怎样的宗教，它都一去不返了：异教已经消亡，基督教和伊斯兰教在这里留下的痕迹也已被岁月侵蚀殆尽

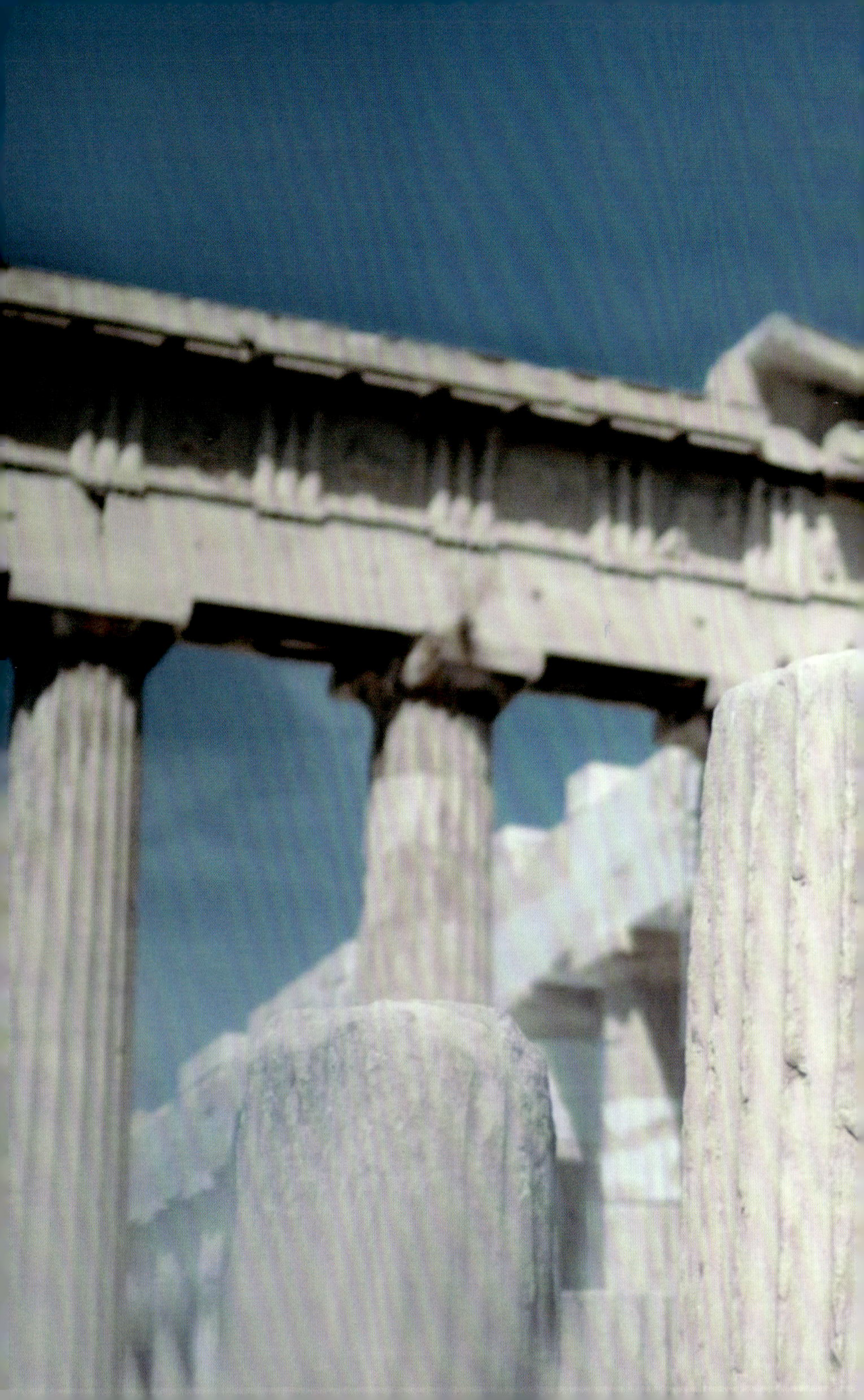

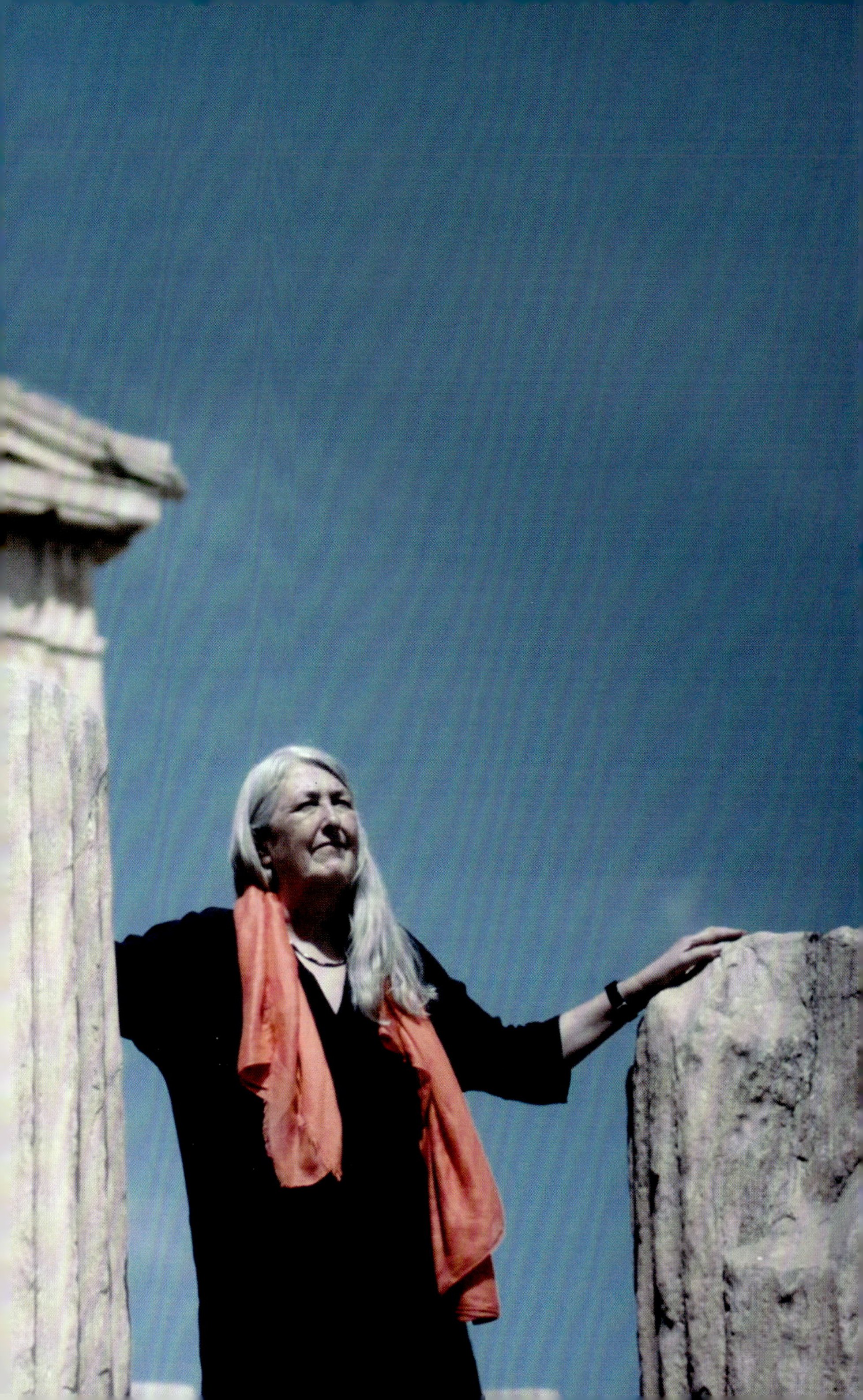

文 明 Ⅰ

（而且，没有任何考古学家想要保留它作为清真寺的遗迹）。当然，蜂拥而至的游客们，顶着烈日听着导游的讲解时，看起来也不会去想上帝或是其他神明。最好的情况就是，他们能跟随克里斯蒂安娜·赫林翰的脚步，把在此的所见转化为文化遗产。但我们还应该再做一些思量。

在注视着帕台农神殿，仰慕着它的艺术之美并为它的神秘感而深深着迷时，无论我们感到自己是多么的世俗化，很多人脑海里还是会浮现出那些宗教常常让我们面对的问题：我从何处来？我属于哪里？我在人类历史中的位置又在何方？这里有一种现代的信念，即使我们没有意识到这一点。那就是我们称之为"文明"的东西。那是一种非常类似宗教的思想，为我们的起源和终点提供宏大的叙事，将人们聚集在共同的信仰中。而帕台农神殿就是它的徽标。

所以，如果你问我什么是文明，我会说，它差不多就是一种信仰的行为。

---

91. 帕台农神庙已经成为20世纪无数摄影作品和自拍的背景画面，从电影明星到法西斯将军，再到专业学者都曾在这里留下影像。它证明了我们对文明的信仰。

后记：文明，单数还是复数？

在与古希腊打交道的时候，我的脑海里最浮现成了支撑这本书的宏大问题——"我们如何观看？"以及"信仰的目光"。当我还是个学生时，我一直认为希腊陶器应当属于聚光灯下的"伟大艺术"范畴，后来才得知它们其实是工业化生产出来的日常家用餐具，当时感到的不安和震惊至今让我记忆犹新。直到现在我还会感到好奇：我们究竟在多大程度上摆脱了 J. J. 温克尔曼关于古迹的那种纯粹白人视角的影响，能够察觉到这些器具光环之下的俗丽和平庸。我还想知道的是，尽管它们在我们今天的文化视野中已经不足为奇，但当很久之前的人们第一次看到那些希腊革新的早期雕像，或是西方最早的裸体雕塑时，他们定然是万分惊诧的，而我们今天还能不能还原和捕捉这种惊奇感？

所以，一切都取决于到底是谁在看，是远古的奴隶还是奴隶主，是 18 世纪的鉴赏家，还是 21 世纪的游客。同时，他们在观赏时的环境背景也很重要，是在古代的墓葬还是神庙，是在英国的乡间大宅,还是现代博物馆。我很怀疑我们是否能够完全再现那些最初见到这些古典艺术者的观点,也怀疑他们的观点是否可以为我们看待这些的方式盖棺定论(这些观看对象在几十个世纪里被观看方式的变迁,也是它们历史的一个组成部分)。但我在《文明》书里试图去反映的,是古代艺术这种家常的普通性(当然,偶尔也有浮华奢靡的),尝试再次制造那种"见到新事物时的震惊感"。

在书籍的撰写和电视节目的制作过程中,我获得了大量进一步思考这些问题的机会,着眼于不同的地区与时代,面对大批各异的艺术品,从奥尔梅克头像到兵马俑。我发现自己难免要和肯尼斯·克拉克的原版《文明》发生交流。任何人如果想要比较这两部电视节目,区别都是一目了然的——而且这些差异并不仅仅源于过去50年间发生的文化变迁。

这种差别也不只是因为克拉克的那种贵族气而笃定自信的姿态(他宣称文明是这样一种东西:"只要让我看见它,就能认出它来。")。更重要的是,我一直在尽力避免像克拉克那样,把讨论的重心放在"伟大的男性艺术家"上。虽然20世纪60年代正是女性主义运动如火如荼的时候,但他在1969年所提供的这种艺术视野却几乎没有提到任何女性的积极活动,除了少数几位贵妇、监狱改革者伊丽莎白·弗里(Elizabeth Fry)以及圣母马利亚。而我,不但将重心从艺术的创作者(一个接一个的天才啊!)转移

后 记

到其观赏者之上,在这盏"文明"故事的聚光灯下,我还给了女性以她们应有的舞台:其中有克里斯蒂安娜·赫林翰——与蝙蝠和蜜蜂作战,以画作坚守自己对阿旃陀艺术的理解;还有波塔德的女儿——传说她举着灯盏,手握铅笔,在墙上画下爱人的剪影。我还收录了更广泛地域范围中的各种文化。克拉克关于文明的观点主要局限在欧洲(甚至连欧洲都不完整:比如西班牙就被整个地省略了);他的姿态也毫不遮掩:认为"我们的"文明高于其他未开化的地区。虽然本书也确实未能收录全球范围内的某些区域(《文明》可不是一部地图索引),但总之它的眼界绝不仅仅局限在欧洲。

即使如此,我也意识到了要跳出肯尼斯·克拉克影响的难度。在20世纪的全球化时代之前,世界上从未有过任何一本关于全球艺术与文化的论著(即使是此后,也只有一小部分)。只有聚焦于欧洲,克拉克才能完成一个完整而连贯的叙事。然而,我的各个故事却没有一条贯穿始终的线索,故事间只有零星的交集(比如罗马皇帝哈德良造访古埃及遗迹)。将我的案例分析串联起来的线索,不可避免地更在于主题上的一致,而非线性时间上的先后。此外,仅仅是把西方之外的艺术纳入列表,并不能"解决"关注中心过于偏向欧洲或西方的问题。这里同样存在着观众的视角和语境这个问题。很矛盾的是,用白人的那种西方视角来看世界范围内的艺术——甚至于把它们强行塞入温克尔曼早已为我们设好的"艺术史"框架——这样的项目显示出的民族中心主义的倾向，很可能不亚于只将视野局限在欧洲之内。即便如此，我还是相信，把视野放得宽广一些，终究是利大于弊的。在制作《文明》系列书籍和电视节目这个项目上的工作本身就已经让我自己的视野得

92. 肯尼斯·克拉克多次以巴黎圣母院为背景拍照，手上总是夹着香烟。

后 记

到了各个方面的拓展。

尽管与他意见相左，尽管摆脱肯尼斯·克拉克的影响无比艰难，但我也愈发清楚地认识到自己在多大程度上受惠于他。我仍然记得自己14岁时观看他制作的电视节目的情景。那对我来说也是大开眼界的事。克拉克所指的那种"文明"概念，虽然是局限在欧洲范围内的，但它有一段可以言说和分析的"历史"这一点，是我之前从未想过的。而《文明》系列节目，虽然是在黑白电视机里播出的，它仍然向我展示了从未涉足甚至不敢想象的地方。那时我只出过一次国，就是全家去比利时度假。当镜头跟随克拉克在巴黎圣母院旁站定，再逐步移到位于亚琛的查理曼国王（King Charlemagne）宝座、帕多瓦的乔托（Giotto）壁画，以及佛罗伦萨的乌菲齐美术馆里波提切利（Botticelli）的名画时，我跟随他一路发现了一个更加广阔的、可供探索的艺术文化世界。而在他的引领下，我形成了这样的观念：所有这些艺术和文化都有内涵要表达，有历史要诉说，有意义要阐明。

十分巧合的是，1969年5月，克拉克《文明》系列节目第13部分的最后一集播出几周之后，阿波罗11号登月舱落在了月球之上。我还记得自己通宵目睹了——感谢电视摄像机——尼尔·阿姆斯特朗（Neil Armstrong）成为踏上月球表面的第一人。对我来说，这种目睹地球之外的世界的兴奋感，和观看《文明》时的喜悦没有什么两样,现在我还很难说哪种对我造成了更长远的影响(虽然我怀疑应该是克拉克!),但它们无疑都是电视在思维拓展方面之功效的最好体现。

补充书目与参考书目

前言：文明与野蛮

　　原版 BBC 系列节目《文明》的 DVD 现在仍然在售。肯尼斯·克拉克也出版了一本《文明：个人观点》(*Civilisation: A Personal View*)（伦敦，1969 年）。几年后约翰·伯格（John Berger）在他的电视节目和论著《观看的方式》(*Ways of Seeing*)（伦敦，1972 年）中对克拉克作出回应，反响很大。他的侧重点和我的很相似（而且我有时也在呼应他这个漂亮的标题）。贡布里希关于艺术家的论点来自《艺术的故事》(*The Story of Art*)（修订版，伦敦，1995 年，初版发行于 1950 年）。几十年来，艺术史的学术性研究将目光转向了观众、受众、反馈和社会背景，这方面很有裨益的介绍书籍有：达娜·阿诺德（Dana Arnold）的《艺术史：一部非常简短的介绍》(*Art History: A Very Short Introduction*)（牛津，2004 年）以及 A. L. 里斯（A. L. Rees）和 F. 波杰罗（F. Borzello）编辑的《新艺术史》(*The New Art History*)（伦敦，1986 年）以及珍妮特·沃尔夫（Janet Wolff）的《艺术的社会生产》(*The Social Production of Art*)（伦敦、贝辛斯托克，1981 年）。但作为创造天才的艺术家形象，仍然是流行展览、电视节目以及大多数非专门项目的重点。

第一部分：我们如何观看？

序言：头像与身体

以下书目不失为一种了解奥尔梅克文化（与头像）的最佳方式：例如，伊丽莎白·P.本森（Elizabeth P. Benson）和贝娅特丽克丝·德·拉富恩特（Beatriz de la Fuente）编辑的《古代墨西哥的奥尔梅克艺术》（*Olmec Art of Ancient Mexico*）（国家艺术馆，华盛顿，1996 年），以及凯瑟琳·贝林（Kathleen Berrin）与弗吉尼亚·M.菲尔兹（Virginia M. Fields）所著的《奥尔梅克：古墨西哥的巨型艺术杰作》（*Olmec: Colossal Masterworks of Ancient Mexico*）（旧金山美术博物馆与洛杉矶艺术博物馆，2010 年）。更全面的知识还可参见克里斯托弗·A.普尔（Christopher A. Pool）所著的《奥尔梅克考古学与早期中美洲》（*Olmec Archaeology and Early Mesoamerica*）（剑桥，2007 年）。拉本塔奥尔梅克文化遗址的原文与其他巨型头像，可参见以下文章中的详细论证：丽贝卡·B.冈萨雷斯·劳克（*Rebecca B. González Lauck*）所著的《塔巴斯科拉本塔的奥尔梅克雕像群的建筑学背景》（The Architectural Setting of Olmec Sculpture Clusters at La Venta, Tabasco），收录于朱莉娅·格恩齐（Julia Guernsey）、约翰·E.克拉克（John E. Clark）与芭芭拉·阿罗约（Barbara Arroyo）编辑的《纪念石雕遗址：中美洲前古典文化转型的背景、作用与意义》(*The Place of Stone Monuments: Context, Use, and Meaning in Mesoamerica's Pre-Classic Transition*)（敦巴顿橡树园，华盛顿，2010年）第48页—第129页。

鸣唱的雕像

伊丽莎白·斯佩莱（Elizabeth Speller）所著的《跟随哈德良的脚步：公元2世纪的罗马帝国之旅》(*Following Hadrian: A Second-Century Journey through the Roman Empire*)（伦敦，2002年）生动地描绘了这位君王对门农的探访。"门农旅游"的总体情况，可以参考 G. W. 鲍尔索克（G. W. Bowersock）在《美国社会莎草纸古文稿学者报告》(*Bulletin of the American Society of Papyrologists*) 第21期（1984年）第21页—第32页的"门农奇迹"部分。对于声音形成原理好奇的读者，可参考斯特拉博（Strabo）写于公元前1世纪的《地理》(*Geography*) 17,1,46。"残破的七弦竖琴"的比喻，出自鲍萨尼亚斯（Pausanias）写于公元2世纪的《希腊指南》(*Guide to Greece*) 1,42,3。A. 贝尔南和 E. 贝尔南（A. and E. Bernand）的《门农巨像上的希腊和拉丁铭文》(*Les inscriptions grecques et latines du colosse de Memnon*)（巴黎，1960年）收集了雕像腿上刻下的完整文字内容（包括萨宾娜本人的一首很短的诗文）。T. 科里·布伦南（T. Corey Brennan）在《古典世界》第91期 (*Classical World* 91)（1998年）第34页—第215页的《茱莉亚·巴比拉和达莫在门农巨像的诗歌》，以及帕特里夏·罗森梅尔（Patricia Rosenmeyer）发表在《古典时代》(*Classical Antiquity*) 第27期（2008年）第58页—第334页的文章《罗马埃及的希腊铭文：茱莉亚·巴比拉的沙弗体诗》(Greek Verse Inscriptions in Roman Egypt: Julia Balbilla's Sapphic Voice)中（他对这趟皇家旅行访问中几个事件的时间次序做了些调整），都对茱莉亚·巴比拉的诗歌进行了详细的分析，还附上了她晦涩希腊文诗句的英语译文。"有些句子差得惨不忍睹"是 E. L. 博维（E. L. Bowie）的评价，出自 D. A. 拉塞尔（D. A. Russell）编辑的《安东尼时代文学》(Antonine Literature)（牛津，1990年）第92页。

希腊的人体

对雅典文化史最好的介绍就是保罗·卡特利奇（Paul Cartledge）的《希腊人：自我与他者的肖像》(The Greeks: A Portrait of Self and Others)（编辑修订版，牛津、纽约，2002年）。古典时期的艺术史概况，可参见罗宾·奥斯本（Robin Osborne）的《古风时代和古典时代的希腊艺术》(Archaic and Classical Greek Art)（牛津，1998年）。"形象之城"的说法来自克劳德·贝拉尔（Claude Bérard）等人的《形象之城：古希腊肖像学与社会》(City of Images: Iconography and Society in Ancient Greece)（普林斯顿，1989年），书中深入探索了雅典釉壶画的文化世界。在汤姆·拉斯穆森（Tom Rasmussen）与奈杰尔·斯皮维（Nigel Spivey）编辑的《观看希腊花瓶》(Looking at Greek Vases)（剑桥，1991年）第12页—第35页中，以及玛丽·比尔德的《采取一种视角，第二部》(Adopting an Approach II)，主要内容都是关于雅典陶器中的女性形象，沙恩·刘易斯（Sian Lewis）还在《雅典女性：一部图像学手册》(The

Athenian Woman: An Iconographic Handbook)（伦敦、纽约，2002年）中对这一内容作出更详尽的论述。关于古典文物中女性地位的更广泛的情况，可参见伊莱恩·范瑟姆（Elaine Fantham）等人编辑的《古典世界中的女性：形象与文本》(*Women in the Classical World: Image and Text*)（纽约、牛津，1994年）。弗朗索瓦·利萨拉格（François Lissarrague）的《希腊宴会的美学：酒的形象与仪式》(*The Aesthetics of the Greek Banquet: Images of Wine and Ritual*)（普林斯顿，1990年，2014年重新发行）对雅典酒会的观念进行了经典的论述，他被收录在由戴维·M.霍尔珀林（David M. Halperin）、约翰·J.温克勒（John J. Winkler）和弗罗马·I.蔡特林（Froma I. Zeitlin）编辑的《在性事之前：古希腊世界的情色体验营造》(*Before Sexuality: The Construction of Erotic Experience in the Ancient Greek World*)（普林斯顿，1990年）第53页—第81页中的文章《萨梯的性生活》(*The Sexual Life of Satyrs*)中，对萨梯的放纵行为进行了描述。

失落的面容：从希腊到罗马

普拉斯科莱雅的雕塑背景，可参见奥斯本的《古风时代和古典时代的希腊艺术》第五章。雕像的着色和装饰，在文岑茨·布林克曼（Vinzenz Brinkmann）等人所著的文章《普拉斯科莱雅的墓葬纪念碑》(*The Funerary Monument to Phrasikleia*)中有对细节的进一步论述，文章收录于由布林克曼、奥利弗·普里马韦里（Oliver Primavesi）和马克斯·霍林恩（Max Hollein）编辑的《边界法：古代与中世纪雕塑的多色填充》(Circumlitio: The Polychromy of Antique and Medieval Sculpture)（慕尼黑，2010 年）第 187 页—第 217 页，也可以在如下网址获取在线资料：http://www.stiung-archaeologie.de/koch-brinkmann, %20brinkmann,%20piening%20aus%20CIRCUMLITIO_Hirmer_Freigabe.pdf。在杰斯珀·斯文博洛（Jesper Svenbro）的《普拉斯科莱雅：对古希腊阅读方式的人类学探索》(Phrasikleia: An Anthropology of Reading in Ancient Greece)（伊萨卡、伦敦，1993 年）中，作者利用雕塑上的铭文进行了一种更广泛的古希腊阅读研究。苏珊·沃克（Susan Walker）和莫里斯·比尔布里耶（Morris Bierbrier）所著的《古人的面庞：罗马埃及的木乃伊肖像画》(Ancient Faces: Mummy Portraits from Roman Egypt)（伦敦，1997 年）和尤弗罗西尼·佐克西亚季斯（Euphrosyne Doxiadis）所著的《神秘的法雍肖像画：古埃及的面孔》(The Mysterious Fayum Portraits: Faces from Ancient Egypt)（伦敦，2000 年）都对木乃伊肖像画（包括阿特米多若斯）作了很好的介绍。彼得·斯图尔特（Peter Stewart）在《罗马艺术》(Roman Art)（希腊与罗马古典学新调查，牛津，2004 年）第一章和第三章中，以及《罗马艺术的社会史》(The Social History of Roman Art)（剑桥，2008 年）第三章中，也对罗马肖像画作了概述。关于肖像画更细致的研究，以及罗马葬礼的传统，可以参考哈丽雅特·I. 弗劳尔（Harriet I. Flower）的《罗马文化中的祖先面具与贵族势力》（牛津、纽约，平装编辑版，1999 年）。波塔德的女儿的故事在老普林尼（Pliny）的《自然史》(Natural History) 35,151 中提到。E. H. 贡布里希的《影子：西方艺术中对投影的刻画》(Shadows: The Depiction of Cast Shadows in Western

Art)（修订版，纽黑文、伦敦，2014年）和维克多·斯托伊基策（Victor Stoichita）的《影子简史》（*A Short History of the Shadow*）（伦敦，1997年）第一章中，还连同其他关于影子的传说，对这个故事进行了论述。

中国帝王，与形象的力量

由简·波特尔（Jane Portal）编辑的文集《始皇帝：中国兵马俑》（*The First Emperor: China's Terracotta Army*）（伦敦，2007年），创作初衷是为了一场在英博物馆所的陶像展览所作的随展汇编，但仍是对这些兵马俑及其历史背景非常好的说明（包含对陶像损毁的简要说明，见第143页）。兵马俑功能的详细探讨可参见以下三篇文章：杰西卡·罗森（Jessica Rawson）收录于《历史研究》（*Historical Research*）第75期（2002年）第54页—第123页的文章《形象的力量：秦始皇的肖像世界及其遗产》（The Power of Images: The Model Universe of the First Emperor and Its Legacy），以及杰里米·坦纳（Jeremy Tanner）发表于由利安娜·赤（Liana Chua）和马克·埃利奥特（Mark Elliott）编辑的《困扰的对象：艾尔弗雷德·盖尔之后的意义与重要性》（*Distributed Objects: Meaning and Mattering after Alfred Gell*）（纽约、牛津，2013年）第58页—第87页的文章《参悟死亡：摩索拉斯王陵墓与秦始皇陵的塑像与媒介》（Figuring Out Death:Sculpture and Agency at the Mausoleum of Halicarnassus and the Tomb of the First Emperor of China），同样还有拉吉斯拉夫·克斯纳（Ladislav Kesner）发表在《艺术学刊》（*Art Bulletin*）第77期（1995年）第32页—第115页的文章《似像非像：秦始皇兵马俑的（重新）呈现》[Likeness of No One: (Re)Presenting the First Emperor's Army]，我引用的就是他的表述。关于兵马俑在现代中国政治文化背景下发掘的意义，以及它的展览呈现，可见戴维·J.戴维斯（David J. Davies）发表于由马克·安德鲁·马滕（Marc Andre Matten）编辑的《现代中国的故地：历史、政治与身份》(Places of Memory in Modern China:History, Politics, and Identity)（莱顿，2012年）第17页—第49页的文章《秦始皇兵马俑与文化大国的纪念》(Qin Shihuang's Terracotta Warriors and Commemorating the Cultural State)。

超大型法老

霍伊塞·提尔德斯利（Joyce Tyldesley）所著的《拉美西斯：埃及最伟大的法老》(Ramesses: Egypt's Greatest Pharaoh)（伦敦，2000）是一本畅销的法老传记（他的名字有几个不同的现代拼法）。T. G. H.詹姆斯（T. G. H. James）的《拉美西斯二世》(Ramses II)（纽约、维切里，2002年）则围绕与人物相关的艺术和建筑，进行了详尽的描述。沃里克·皮尔逊（Warwick Pearson）发表于《古代历史：教学素材》(Ancient History: Resources for Teachers)第40期（2010年）第1页—第20页的文章《拉美西斯二世与卡迭石战役：了不起的胜利？》(Rameses II and the Battle of Kadesh: A Miraculous Victory?)对呈现拉美西斯军事"胜利"的作品进行了讨论。拉美西斯神庙内浮雕更详细的探讨，可参见安东尼·J.斯帕林杰（Anthony J. Spalinger）所著的《以色列：考古、历史与地理研究》(Eretz-Israel: Archaeological, Historical and Geographical

Studies）（2003 年）第 39 页—第 222 页的文章《卡迭石之战的浮雕题词》（Epigraphs in the Battle of Kadesh Reliefs）。坎贝尔·普赖斯（Campbell Price）在由 M. 科利耶（M. Collier）和 S. 斯内普（S. Snape）编辑的《为纪念 K. A. 基钦的拉美西斯研究》（*Ramesside Studies in Honour of K.A. Kitchen*）（博尔顿，2011 年）第 11 页—第 403 页的的文章《"王中之王"拉美西斯：皇家巨像的背景与解读》（Ramesses, "King of Kings": On the Context and Interpretation of Royal Colossi）中，对拉美西斯的巨像进行了细致深入的分析，对巨像更广泛的研究可参见肯·格里芬（Ken Griffin）编辑的《埃及学的现代研究，2007》（*Current Research in Egyptology 2007*）（牛津，2008 年）第 21 页—第 113 页的文章《社会语境下的纪念像：古埃及巨像经验》（Monuments in Context: Experiences of the Colossal in Ancient Egypt）。雪莱诗歌背后的埃及资料与历史来源来自 J. 格温·格里菲思（J. Gwyn Griffiths）发表于《现代语言研究》（*Modern Language Review*）第 43 期（1948 年）第 80 页—第 84 页的文章《雪莱的＜奥兹曼迪亚斯＞与狄奥多·罗斯》（Shelley's "Ozymandias" and Diodorus Siculus），进一步阐述可见欧赫内·M. 韦思（Eugene M.Waith）发表于《耶鲁大学图书馆学报》（*Yale University Library Gazette*）第 70 期（1996 年）第 60 页—第 153 页的文章《雪莱的＜奥兹曼迪亚斯＞与德农》（Shelley's "Ozymandias" and Denon）。

希腊革新

埃及对早期希腊雕塑的影响可参见杰弗里·M. 赫维特（Jeffrey M.

Hurwit）的《公元前1100年到前480年的早期希腊艺术与文化》（*The Art and Culture of Early Greece,1100-480BC*）（伊萨卡、伦敦，1985年）第四章，以及奥斯本的《古风时代和古典时代的希腊艺术》第五章。专门针对埃及影响的具体论述有R. M. 库克（R. M. Cook）发表于《希腊研究期刊》（*Journal of Hellenic Studies*）第87期（1967年）第24页—第32页的《希腊雕塑起源》（Origins of Greek Sculpture）。著名的讨论"希腊革新"的文本包括：E. H. 贡布里希的《艺术与错觉：图像再现的心理研究》（*Art and Illusion: A Study in the Psychology of Pictorial Representation*）（编辑修订版，普林斯顿，1961年）第四章［如果需要对贡布里希观点的高度理论化，且不专门围绕古代元素展开的讨论，可参见诺曼·布赖森（Norman Bryson）所著的《视觉与绘画：凝视的逻辑》（*Vision and Painting: The Logic of the Gaze*）（伦敦，1983年）第二章］，以及理查德·内尔（Richard Neer）的《希腊雕塑中古典主义风格的出现》（*The Emergence of theClassical Style in Greek Sculpture*）（芝加哥，2010年），还有迈克尔·斯夸尔（Michael Squire）的《形体的艺术：古文物及其遗产》（*The Art of the Body: Antiquity and Its Legacy*）（伦敦、纽约，2011年）第二章。希腊革新与民主的关联，详见黛安娜·布伊特龙·奥利弗（Diana Buitron-Oliver）编辑的《希腊奇迹：公元前五世纪——民主前夜的古典雕塑》（*The Greek Miracle: Classical Sculpture from the Dawn of Democracy, the Fifth Century BC*）（国家美术馆，华盛顿，1992年），免费的全文在线地址为：https://www.nga.gov/content/dam/ngaweb/research/publications/pdfs/the-greek-miracle.pdf。亚斯·埃尔斯纳

（Jas Elsner）在收录于由西蒙·歌德希尔（Simon Goldhill）与罗宾·奥斯本（Robin Osborne）编辑的《通过古希腊重审革新》(*Rethinking Revolutions through Ancient Greece*)（剑桥，2000年）第68页—第95页的文章《思考艺术中的"希腊革新"：从观察的变迁到主体性的变化》(Reflections on the "Greek Revolution" in Art: From Changes in Viewing to the Transformation of Subjectivity)中，清楚地提出变革导致失落的问题。斯坦利·卡森（Stanley Casson）发表在《雅典的英国学派年鉴》(*Annual of the British School at Athens*)第37期（1936年）中的文章《纳克索斯的未完成巨像》(An Unfinished Colossal Statue at Naxos)对阿波罗那巨像进行了详细讨论。从胡须来看，巨像本来可能要塑造成酒神狄奥尼索斯（虽然让人疑惑的是，当地村庄的名称可能又让人觉得雕像是阿波罗）。关于作品"拳击手"最新的在线讨论地址如下：https://www.metmuseum.org/blogs/now-at-themet/features/2013/the-boxer，以及延斯·德纳（Jens Daehner）收录于由德纳（Daenher）和肯尼思·拉帕廷（Kenneth Lapatin）编辑的《权力与痛苦：希腊化世界的青铜雕塑》(*Power and Pathos:Bronze Sculpture of the Hellenistic World*)（佛罗伦萨、洛杉矶，2015年）第3页—第222页的文章《坐着的拳击手的雕像》(Statue of a Seated Boxer)。这件作品的发现之谜可参见埃隆·D.海曼斯（Elon D. Heymans）发表在《地中海考古学年报》(*BABESCH*)第88期（2013年）第44页—第229页的文章《重访奎里纳尔的青铜拳击手：雕塑的构造相关沉淀》(The Bronze Boxer from the Quirinal Revisited: A Construction-Related Deposition of Sculpture)，拳击手雕像发现现场的

目击者的描述来自鲁道夫·兰恰尼（Rodolfo Lanciani）的《从最近发现看古罗马》（Ancient Rome in the Light of Recent Discoveries）（罗马，1888年）第6页—第305页。

大腿上的污点

帕拉西奥斯和宙克西斯的轶事来自老普林尼的《自然史》35,65-6，并在以下文献中有更详细的论述：斯蒂芬·班（Stephen Bann）的《真葡萄树：关于视觉呈现与西方传统》（The True Vine: On Visual Representation and Western Tradition）（剑桥，1989年）第一章；海伦·莫拉莱斯（Helen Morales）的《拷问者的学徒：帕拉休斯与艺术的限度》（The Torturer's Apprentice: Parrhasius and the Limits of Art）收录于亚斯·埃尔斯纳编辑的《罗马文化的艺术与文本》（Art and Text in Roman Culture）（剑桥，1996年）第182页—第209页，以及（关于普林尼的观点），索查·凯里（Sorcha Carey）的《普林尼的文化目录：自然史中的艺术与帝国》（Pliny's Catalogue of Culture: Art and Empire in the Natural History）（剑桥，2003年）第五章。第一尊女性裸体雕塑的重要意义，是斯夸尔的《形体的艺术》（见上文）第三章的主要内容。关于尼多斯的阿佛洛狄忒的各种版本，克里斯蒂娜·米切尔·哈夫洛克（Christine Mitchell Havelock）在《尼多斯的阿佛洛狄忒和她的后来者们：希腊艺术中女性裸体的历史性分析》（The Aphrodite of Knidos and Her Successors: A Historical Review of the Female Nude in Greek Art）（安娜堡，1995年）中作出归整与分析。阿佛洛狄忒雕像受玷污的故事的完整版本，可参见伪卢西恩（Pseudo-Lucian）的《爱的故事（或厄洛斯或两种爱）》[Love Stories (or Erotes or Amores)] 第 11 页—第 17 页，一篇被误传为公元 2 世纪作家卢西恩（Lucian）所作的文学作品，实际上可能是在那一个世纪之后的作品（所以被称为"伪卢西恩"）。以下论述也非常有用：西蒙·歌德希尔（Simon Goldhill）的《福柯的贞洁：古代情色故事与性史》(Foucault's Virginity: Ancient Erotic Fiction and the History of Sexuality)（剑桥，1995 年）第二章、玛丽·比尔德和约翰·亨德森（John Henderson）的《古典艺术，从希腊到罗马》(Classical Art, from Greece to Rome)（牛津，2001 年）第三章（该章节更广泛地讨论了裸体的整体问题），以及乔纳斯·格雷斯雷恩（Jonas Grethlein）的《美学体验与古典时代：形式在叙事与图画中的重要性》(Aesthetic Experiences and Classical Antiquity: The Significance of Form in Narratives and Pictures)（剑桥，2017 年）第六章。戴维·弗里德伯格（David Freedberg）在《形象的力量：欣赏反馈历史与理论的研究》(The Power of Images: Studies in the History and Theory of Response)（编辑修订版，芝加哥，1991 年）中关于"形象引发的性兴奋"的讨论中，对雕像进行了更宽泛的讨论。

革新的遗产

塞恩府邸的网站（https://www.syonpark.co.uk/）对其建筑和装饰的历史都做了简介。其内部装饰更详尽的论述，可见戴维·C. 亨廷顿（David C.Huntington）发表在《建筑史学家协会学刊》(Journal of the Society of Architectural Historians) 第 27 期（1968 年）第 63 页—第 249 页的

文章《罗伯特·亚当对人物形象的现场调度》(Robert Adam's "Mise-en-Scène" of the Human Figure)，以及艾琳·哈里斯（Eileen Harris）的《罗伯特·亚当的天才：他的室内装置》(The Genius of Robert Adam: His Interiors)（纽黑文、伦敦，2001年）第四章。关于第一公爵和女爵的整体收藏情况，可参见阿德里亚诺·埃莫里诺（Adriano Aymonino）的《乔治时代英国的艺术资助、收藏和社会：诺森伯兰第一公爵与公爵夫人的宏大蓝图》(Patronage, Collecting and Society in Georgian Britain: The Grand Design of the 1st Duke and Duchess of Northumberland)（纽黑文、伦敦，即将出版）。《观景楼的阿波罗》和《垂死的高卢人》在文艺复兴与之后时期的故事，可见弗朗西斯·哈斯克尔（Francis Haskell）和尼古拉斯·彭尼（Nicholas Penny）的《品味与文物：古典雕塑的诱惑》(Taste and the Antique: The Lure of Classical Sculpture 1500-1900)（纽黑文、伦敦，1981年）第51页—第148页，以及第7页—第224页。关于温克尔曼的艺术史，最便捷的翻译版本是哈里·弗朗西斯·玛尔格雷弗（Harry Francis Mallgrave）的《约翰·阿希姆·温克尔曼，艺术与文物史》（洛杉矶，2006年），其中亚历克萨·波茨（Alex Potts）（对阿波罗的描述见第4页—第333页）的介绍很有帮助。我引用了肯尼斯·克拉克在电视节目《文明》第一集中的话有必要注意到——虽然我们听来并不高兴——他在"与节目配套的书"中，将阿波罗与非洲面具、以及"黑人"想象与"希腊"作品作了清晰的对比（肯尼斯·克拉克的《文明》第二页）。比尔德和亨德森的《古典艺术》第二章中，对温克尔曼进行了简介。更详尽的研究可见亚历克萨·波茨（Alex Potts）的《肉体与观念：温克尔曼和艺术史起源》（*Flesh and the Idea: Winckelmann and the Origins of Art History*）（纽黑文、伦敦，1994 年）。

奥尔梅克摔跤手

埃丝特·帕斯托里（Esther Pasztory）发表在《RES：人类学与美学》（*RES: Anthropology and Aesthetics*）第 42 期（2002 年）第 159 页—第 65 页的文章《伪造品的真相》（Truth in Forgery）中，从技术和历史背景上提出对摔跤手真实性的质疑，同时也提出了对"造假"的一些有意义的思考。

第二部分：信仰的目光

序言：吴哥窟的日出

拉塞尔·乔昆（Russell Ciochon）与杰米·詹姆斯（Jamie James）发表在《考古学》（*Archaeology*）第 47 期（1994 年）第 38 页—第 49 页的文章《吴哥之光》（The Glory That Was Angkor），对了解吴哥窟很有帮助。更广泛的历史背景，可参见查尔斯·海厄姆（Charles Higham）的《吴哥的文明》（*The Civilization of Angkor*）（伯克利、洛杉矶，2001 年）。托马斯·J. 马克斯韦尔（Thomas J. Maxwell）和雅罗斯拉夫·蓬察尔（Jaroslav Poncar）的《关于神明、国王与人：吴哥窟浮雕》（*Of Gods, Kings and Men: The Reliefs of Angkor Wat*）（清迈，2007 年）是吴哥窟浮雕的照片

记录。《古风时代》(Antiquity)的一期特刊,第 89 卷,第 348 期(2015 年)主讲神庙近来的考古工作以及时代背景。彼得·D. 沙罗克(Peter D. Sharrock)发表在《东南亚研究学刊》(Journal of Southeast Asian Studies)第 40 期(2009 年)第 51 页—第 111 页的文章《吴哥阇耶跋摩七世的揭路荼、金刚手菩萨和宗教变化》(Garuda, Vajrapani and Religious Change in Jayavarman VII's Angkor),以及吉纳·金(Jinah Kim)发表在《亚洲艺术》(Artibus Asiae)第 70 期(2010 年)第 77 页—第 122 页的文章《未完成的事业:吴哥窟佛教再利用及其历史政治意义》(Unfinished Business: Buddhist Reuse of Angkor Wat and Its Historical and Political Signcance),都讨论了从印度教到佛教变迁的各方面变化。开发旅游业对吴哥窟的影响,则是蒂姆·温特(Tim Winter)在《后冲突遗产与后殖民时代旅游业:吴哥的文化、政治与发展》(Post-Conflict Heritage, Postcolonial Tourism: Culture, Politics and Development at Angkor)(阿宾顿、纽约,2007 年)的主要内容。

是谁在看?阿旃陀的"石窟艺术"

文中对巴萨瓦的引用来自他的诗歌《神坛》(The Pot is a God),全文可见 A·K. 拉马努詹(A. K. Ramanujan)翻译的《谈希瓦》(Speaking of Shiva)(哈蒙兹沃思,1973 年)第 84 页。卡车上的神像(主要在巴基斯坦)可参见贾迈勒·J. 伊莱亚斯(Jamal J. Elias)发表在《RES:人类学与美学》(RES:Anthropology and Aesthetics)第 43 期(2003 年)第 187 页—第 202 页的文章《挡泥板和内燃机上:巴基斯坦卡车装饰上的精神空间与宗教想象》(On Wings of Diesel: Spiritual Space and Religious Imagination in Pakistani Truck Decoration)。威廉·达尔林普尔(William Dalrymple)发表在《纽约书评》(New York Review of Books)2014年10月23日的文章《最伟大的古代美术馆》(The Greatest Ancient Picture Gallery)讲述了阿旃陀石窟被首次发现时的情景,并简单介绍了它的历史和早期图案复制的工作。克里斯蒂安娜·赫林翰生平、她在阿旃陀以及其他地方的工作,是玛丽·拉戈(Mary Lago)的《克里斯蒂安娜·赫林翰和爱德华时代艺术界》(Christiana Herringham and the Edwardian Art Scene)(伦敦,1996年)的主要内容,该书第9页—第225页提到了她和福斯特的摩尔夫人之间关联的可能性。赫林翰将她的画作发表于《阿旃陀壁画》(Ajanta Frescoes)(伦敦,1915年):"在印度社会各方支持下……对一些阿旃陀石窟中有色和黑白壁画进行复制。"石窟中图画的具体年代一直颇受争议,沃尔特·M.斯平克(Walter M. Spink)在实地的七卷著作《阿旃陀:历史与发展》(Ajanta: History and Development)(莱顿、波士顿,2005年-2017年)对这些问题作出了细致的研究。如何解读这些画面,可参见维迪亚·德赫贾(Vidya Dehejia)的《早期佛教艺术视觉叙事模式》(On Modes of Visual Narration in Early Buddhist Art)第92页—第374页的主要内容,以及《南亚研究》(South Asian Studies)第7期(1991年)第45页—第57页的文章《阿旃陀17号石窟的叙事模式:一个初步的研究》(Narrative Modes in Ajanta Cave 17: A Preliminary Study),其中对猴王图画进行了详细讨论。

耶稣的身份

罗宾·科马克（Robin Cormack）的《拜占庭艺术》（*Byzantine Art*）（编辑修订版，牛津，2018年）第二章对圣维塔教堂及其装饰项目作了简要介绍。德博拉·毛斯科普夫·泽利扬尼斯（Deborah Mauskopf Deliyannis）的《古代晚期的拉文纳》（*Ravenna in Late Antiquity*）（剑桥，2010年）则是对该城市在公元400-751年之间的历史、艺术和建筑的完整研究，同样对此有研究的还有朱迪思·赫林（Judith Herrin）和金蒂·纳尔逊（Jinty Nelson）编辑的《拉文纳在中世纪变迁与交流中的作用》（*Ravenna: Its Role in Earlier Medieval Change and Exchange*），其中第四章中提到圣维塔利斯教堂的装饰历史。关于皇家镶嵌画的资料有很多，例如亚斯·埃尔斯纳的《艺术与罗马观众：罗马艺术从异教世界到基督教的变迁》（*Art and the Roman Viewer: The Transformation of Roman Art from the Pagan World to Christianity*）（剑桥，1995年）第五章，以及萨拉·E.巴西特（Sarah E. Bassett）发表在《历史艺术》（*Artibus et Historiae*）第29期（2008年）第49页—第57页的《圣维塔教堂皇家壁画的风格与含义》（Style and Meaning in the Imperial Panels at San Vitale）。约翰·穆尔黑德（John Moorhead）的《查士丁尼》（*Justinian*）（伦敦，1994年）和J. A. S. 埃文斯（J. A. S. Evans）的《狄奥多拉皇后：查士丁尼的伴侣》（*The Empress Theodora: Partner of Justinian*）（奥斯丁，2002年）中都介绍了这对皇家夫妇。基督教在这一时期的争辩可以在迪尔梅德·麦卡洛克（Diarmaid MacCulloch）的《基督教历史：前三千年》（*A History of Christianity: The First three thousand Years*）（伦敦，

2009）前几章，尤其是第六章和第七章中得到了解。普通人热情参与理论讨论的故事，参见格里高利（Gregory of Nyssa）在4世纪的论著《圣灵与圣子的神圣性》(*On the Divinity of the Son and the Holy Spirit*)。原希腊文被翻译成法文，参见马蒂厄·卡森（Matthieu Cassin）发表在《报告会》(*Conférence*)（巴黎）第29期（2009年）第581页—第611页的内容，相关段落在第591页："如果你问面包多少钱，答案是'父多，子少'。"

虚荣的问题

圣洛可大会堂（兄弟会仍然存在）的网站为这段历史提供了很好的"官方"介绍：http://www.scuolagrandesanrocco.org/home-en/。对"兄弟会"的经典介绍可以参考（Christopher F. Black）的《16世纪的意大利兄弟会》(*Italian Confraternities in the Sixteenth Century*)（平装编辑版，剑桥，2003年）。关于丁托列托在圣洛可的作品及其政治和宗教背景，参见戴维·罗桑（David Rosand）的《16世纪威尼斯绘画：提香、韦罗内塞和丁托列托》(*Painting in Sixteenth-Century Venice: Titian, Veronese, Tintoretto*)（编辑修订版，剑桥，1997年）第五章，以及汤姆·尼科尔斯（Tom Nichols）的《丁托列托：传统与自我身份》(*Tintoretto: Tradition and Identity*)（编辑修订版，剑桥，2015年）第四章与第五章。约翰·罗斯金（John Ruskin）在《威尼斯之石》(*Stones of Venice*)（伦敦，1853年）第353页中表示"无以言表"。为对罗斯金公平起见，他在其他书中对这些画作进行了长篇细致的分析，见《现代画家》(*Modern Painters*)（伦敦，1846年）第二卷，斯蒂芬·C.芬利（Stephen C. Finley）的

《自然的契约：罗斯金作品中的景观》(Nature's Covenant: Figures of Landscape in Ruskin)（宾夕法尼亚大学，宾夕法尼亚州，1992年）第六章对此事件进行了论述。

有生命的雕像？

几乎所有塞维利亚的现代旅游指南手册都会不断强调关于马卡雷纳教堂内雕像那个广为流传的故事（年代却不确切），这个故事现在已经成为当地人或是游客们的口头传说。伊丽莎白·纳什（Elizabeth Nash）的《塞维利亚、科尔多瓦和格拉纳达：一部文化史》(Seville, Córdoba and Granada: A Cultural History)（牛津，2005年）第一章就对这个故事进行了介绍，但是从更具批评性的角度。关于塞维利亚圣母像和其他参与游行的雕塑，苏珊·韦尔迪·韦伯斯特（Susan Verdi Webster）作出了详细的学术性研究，其中包括大量令神职人员颇为不安的档案和材料参考，其研究成果是《黄金时代西班牙的艺术与仪式：塞维利亚兄弟会与圣周游行塑像》(Art and Ritual in Golden-Age Spain: Sevillian Confraternities and the Processional Sculpture of Holy Week)（普林斯顿，1998年），她对此课题还更简要地考虑了某些特定方面（有时对马卡雷纳只是一笔带过），例如：发表在《仪式研究期刊》(Journal of Ritual Studies)第六期（1992年）第77页—第159页的文章《圣坛与圣街：早期现代塞维利亚的兄弟会宗教雕塑》(Sacred Altars, Sacred Streets: The Sculpture of Penitential Confraternities in Early Modern Seville)，以及由E.图诺（E. Thunø）和G.沃尔夫（G. Wolf）编辑的《中世纪后期与文艺复兴的神奇形象》（The Miraculous Image in the Late Middle Ages and Renaissance）（罗马，2004年）第71页—第249页的文章《伤风败俗之美与世俗的光彩：西班牙装饰圣母像的惯例》（Shameless Beauty and Worldly Splendor: On the Spanish Practice of Adorning the Virgin），关于这些雕像"世俗化"的昂贵衣饰。琳达·B.霍尔（Linda B. Hall）的《马利亚、母亲与战士：西班牙与美洲的圣母》（Mary, Mother and Warrior: The Virgin in Spain and the Americas）（奥斯丁，2004年）第九章讨论了雕像在21世纪受到的崇拜、装饰和政治化。科尔姆·托宾（Colm Tóibín）在《十字架的形迹：行走在天主教欧洲》（The Sign of the Cross: Travels in Catholic Europe）（伦敦，1994年）的第三章中聪明地唤起了圣周人群之中不同团体的复杂面貌。我借用了汉斯·贝尔廷（Hans Belting）在《相似性与存在：艺术时代之前的形象历史》（Likeness and Presence: A History of the Image before the Era of Art）（芝加哥、伦敦，1996年）中关于"相似性"和"存在"的概念，这本书对于宗教神圣形象的议题是很重要的。这些主题在弗里德伯格的《形象的力量》中也有所论述。

伊斯兰教的艺术性

桑贾克拉清真寺的论述参见U. Tanyeli发表在《建筑评论》（Architectural Review）2014年7月31日的文章《信条：设计师埃姆雷·阿罗拉特的土耳其桑贾克拉清真寺》（Profession of Faith: Mosque in Sancaklar, Turkey by Emre Arolat Architects），免费在线版地址：https://www.architectural-review.com/today/profession-of-faith-mosquein-sancaklarturkey-by-emre-arolat-architects/8666472.article 以及设计师的网站 http://emrearolat.com/eaa-projects_pdf/Sancaklar%20Mosque.pdf。

贝林·F. 居尔（Berin F. Gür）发表在《伊斯兰建筑国际期刊》（*International Journal of Islamic Architecture*）第 6 期（2017 年）第 93 页—第 165 页的《桑贾克拉清真寺：重新放置熟悉的事物》（*Sancaklar Mosque: Displacing the Familiar*）主要论述了伊斯兰传统与这座清真寺之间的关系。关于密特拉神的"石洞"，参见玛丽·比尔德、约翰·诺思（John North）和西蒙·普赖斯（Simon Price）的《罗马宗教》（*Religions of Rome*）第二卷（剑桥，1998 年）第四章。贾迈勒·J. 埃利亚斯（Jamal J. Elias）的《艾莎的垫子：伊斯兰教的宗教艺术、认知与惯例》（*Aisha's Cushion: Religious Art, Perception and Practice in Islam*）（剑桥，马萨诸塞州，2012 年）是对伊斯兰教内形象使用的辩论相当重要而丰富的讨论。关于穆罕默德的形象，可参见奥列格·格拉巴尔（Oleg Grabar）发表于《伊斯兰研究》（*Studia Islamica*）第 96 期（2003 年）第 19 页—第 38 页的文章《先知穆罕默德肖像的故事》（The Story of Portraits of the Prophet Muhammad），罗伯特·希伦布兰德（Robert Hillenbrand）发表在由希伦布兰德编辑的《从蒙古人到卡扎尔人的波斯绘画：为纪念巴西尔·罗宾逊的研究》（*Persian Painting from the Mongols to the Qajars: Studies in Honour of Basil W. Robinson*）（伦敦，2000 年）第 46 页—第 129 页的文章《阿尔·比鲁尼的古代国家年表中的穆罕默德形象》（Images of Muhammad in al-Biruni's Chronology of Ancient Nations）。更好的在线图像资料，可通过 images.is.ed.ac.uk 前往爱丁堡大学图书馆查找"波斯细密

画"[搜索"先知穆罕默德"(Prophet Muhammad)]。艾莎的故事出自布哈拉可靠圣训(Sahih of al-Bukhari)中穆罕默德的生平故事(穆罕默德言行录)中的一则。戈弗雷·古德温(Godfrey Goodwin)的《奥斯曼建筑史》(*A History of Ottoman Architecture*)(伦敦,1971年)第九章中,对蓝寺(或"苏丹艾哈迈德清真寺"Sultan Ahmed Cami)的建筑和装饰进行了讨论。苏瑞亚·法若奇(Suraiya Faroqhi)在《苏丹的子民:奥斯曼帝国的文化与日常生活》(*Subjects of the Sultan:Culture and Daily Life in the Ottoman Empire*)(伦敦、纽约,2007年)第七章中对人们对蓝寺的早期反应进行了论述。用了"清真寺军队"说法的诗歌,可以在霍华德·克兰(Howard Crane)的《17世纪早期奥斯曼建筑论著:翻译与笔记的临摹》(*Risale-i mi'mariyye: An Early-Seventeenth-Century Ottoman Treatise On Architecture: Facsimile With Translationand Notes*)(莱顿,1987年)第6页—第73页。关于伊斯兰书法有两部重要的论著,分别是:埃丽卡·克鲁克香克·多德(Erica Cruikshank Dodd)发表在《贝鲁特》(*Berytus*)第18期(1969年)第35页—第62页的文章《圣言的形象:伊斯兰宗教图像的笔记》(The Image of the Word: Notes on the Religious Iconography of Islam),以及安东尼·韦尔奇(Anthony Welch)发表在由约瑟夫·古特曼(Joseph Gutmann)编辑的《形象与圣言:犹太教、基督教与伊斯兰教的交锋》(*The Image and the Word: Confrontations in Judaism, Christianity and Islam*)(米苏拉,1977年)第63页—第74页的文章《将题文变为圣像:伊斯兰艺术中的题字的角色》(Epigraphs as Icons:The Role of the Written Word in Islamic Art)。

《圣经》的故事

《肯尼科特圣经》(包含语法注解)的完整数字版本可在牛津大学博德利数字图书馆(the Digital Bodleian)免费获得：https://digital.bodleian.ox.ac.uk/(搜索"MS Kennicott 1")，有参考价值的介绍网址如下：http://bav.bodleian.ox.ac.uk/news/thekennicott-bible。希拉·埃德蒙兹(Sheila Edmunds)发表在《书目与书本学研究》(Studies in Bibliography and Booklore)第 11 期(1975/1976 年)第 25 页—第 40 页的文章《关于约瑟夫·伊本·哈隐艺术的笔记》(A Note on the Art of Joseph Ibn Hayyim)中，对图像进行了论述，同样可以参考凯特琳·科格曼阿佩尔(Katrin Kogman-Appel)的《伊斯兰教与基督教之间的犹太书本艺术：中世纪西班牙的希伯来圣经装饰》(Jewish Book Art between Islam and Christianity: The Decoration of Hebrew Bibles in Medieval Spain)(莱顿、波士顿，2004 年)第七章。"动物形字母"(由动物构成的字母形状)是埃丽卡·玛丽·伯克勒(Erika Mary Boeckeler)的《顽皮的字母：早期现代字母表研究》(Playful Letters: A Study in Early Modern Alphabetics)(爱荷华，2017 年)的主题。马克·D. 迈耶森(Mark D. Meyerson)的《15 世纪西班牙的犹太文艺复兴》(A Jewish Renaissance in Fifteenth-Century Spain)(普林斯顿，2004 年)以及乔纳森·S. 雷(Jonathan S. Ray)的《驱逐之后：1492 年与赛法迪犹太人的形成》(After Expulsion: 1492 and the Making of Sephardic Jewry)(纽约，2013 年)中，都对西班牙犹太人与犹太教的历史作出了多方面的探索。

战争的伤疤

关于拜占庭的反偶像主义，已有很多文章，直到现在争辩双方还各执一词。最近比较有价值的讨论可见托马斯·F. X. 诺布尔（Thomas F. X. Noble）的《形象、形象破坏与卡洛林王朝》（*Images, Iconoclasm, and the Carolingians*）（费城，2009年）第一章与第二章，亚斯·埃尔斯纳发表在《艺术学刊》第94期（2012年）第94页—第368页的文章《偶像破坏主义作为一种话语：从古文物到拜占庭》（Iconoclasm as Discourse: From Antiquity to Byzantium），以及罗宾·科马克的《拜占庭艺术》（见上文）第三章与后记（第92页重现了9世纪的《克鲁多诗集》（*Khludov Psalter*）中生动的绘图，诗集描绘了等同于送耶稣上十字架的偶像破坏行为）。在赞成形象崇拜方面，最细致的争辩可参见佛提乌斯（Photios）在《训诫第十七篇》（*Homily XVII*）中的布道，讲话发表于867年圣索非亚大教堂圣母镶嵌图案揭幕仪式，由西里尔·曼戈（Cyril Mango）译作《君士坦丁堡牧首佛提乌斯的圣经讲道》（*The Homilies of Photios, Patriarch of Constantinople*）（剑桥，马萨诸塞州，1958年）。伊利大教堂的历史与建筑是彼得·梅多斯（Peter Meadows）和奈杰尔·拉姆齐（Nigel Ramsay）编辑的《伊利座堂历史》（*A History of Ely Cathedral*）（伍德布里奇，2003年）的主要内容。格雷厄姆·哈特（Graham Hart）发表在《历史研究》（*Historical Research*）第87期（2014年）第76页—第370页的文章《奥利弗·克伦威尔，破坏行为与伊利大教堂历史》（Oliver Cromwell, Iconoclasm and Ely Cathedral）讨论了奥利弗·克伦威尔的破坏行为。克拉克的《文明》第六集和安德鲁·格雷厄姆·狄克逊（Andrew Graham Dixon）的《英国艺术史》（*A History of British Art*）（伯克利、洛杉矶，1999年）第一章，都探讨了圣母堂更早期的破坏行为。加里·沃勒（Gary Waller）的《中世纪后期与早期现代英语文学及流行文化》（*The Virgin Mary in Late Medieval and Early Modern English Literature and Popular Culture*）（剑桥，2008年）的介绍部分中，也讨论了相关内容（他得出的美学结论和我非常相似）。

印度教之形，伊斯兰教之风

约哈南·弗里德曼（Yohanan Friedmann）发表在《美国东方社会学刊》（*Journal of the American Oriental Society*）第95期（1975年）第21页—第214页的文章《中世纪穆斯林关于印度各宗教的观点》（*Medieval Muslim Views of Indian Religions*）讨论了印度"偶像"故事以及穆斯林的观点。埃利亚斯的《艾莎的垫子》第四章也讨论了相关内容。姆里纳尔林里·拉贾戈帕兰（Mrinalini Rajagopalan）的《建造历史：现代德里五处纪念建筑的档案与情感》（*Building Histories: The Archival and Affective Lives of Five Monuments in Modern Delhi*）（芝加哥，2006年）第五章中，对库特巴乌勒伊斯兰清真寺（Quwwat-ul-Islam mosque）高度的文化融合现象做出重点论述。芬巴尔·B.弗勒德（Finbarr B. Flood）的《翻译对象：物质文化与中世纪"印度–穆斯林"交锋》（*Objects of Translation: Material Culture and Medieval 'Hindu-Muslim' Encounter*）（普林斯顿，2009年）讨论了印度教与伊斯兰教艺术与建筑中的一致性。他关于伊斯兰对巴米扬大佛的破坏行为不同的论述，可见《艺术学刊》

第 84 期（2002 年）第 59 页—第 641 页的文章《狂热与文化之间：巴米扬、伊斯兰偶像破坏主义与博物馆》(Between Cult and Culture: Bamiyan, Islamic Iconoclasm, and the Museum)。

文明的信仰

玛丽·比尔德的《帕台农神殿》（编辑修订版，伦敦，2010 年）介绍了雅典卫城的历史与艺术形象，讨论了它被改变为教堂和清真寺的历史，以及最后的毁灭性损毁。罗宾·奥斯本的《写在古希腊形体上的历史》(The History Written on the Classical Greek Body)（剑桥，2011 年）第七章探讨了古希腊对神明的性质以及如何表现神明的争论。色诺芬尼（Xenophanes）的语录（现在只剩下后世收集的对话体，经常是出自基督教的作者）可见 G. S. 柯克（G. S. Kirk）、J. E. 雷文（J. E. Raven）和 M. 斯库尔德（M. Schoeld）合著的《前苏格拉底时代的哲学家：一部附有选段的批判历史》(The Presocratic Philosophers: A Critical History with a Selection of Texts)（剑桥，1983 年）第五章。海中浮木的故事可见鲍萨尼亚斯的《希腊指南》10,19,3，关于古老的雅典娜雕像的起源，该书选择的是奇迹式的版本，见第 1、26、6 页。关于黄金和象牙雕塑的证据，肯尼斯·D.S. 拉帕廷（Kenneth D. S. Lapatin）的《古地中海世界的黄金象牙雕像》(Chryselephantine Statuary in the Ancient Mediterranean World)（牛津，2001 年）第五章中进行了全面的论述。帕台农神殿雕像里老鼠的笑谈，出自卢西恩（Lucian）在公元 2 世纪的讽刺作品《宙斯的咆哮》(Zeus Rants)第八章，以及《伊利亚特》(Iliad)中的一个古代滑稽剧

《青蛙与鼠之战》(*The Battle of Frogs and Mice*)中，雅典娜抱怨老鼠啃噬她的衣服（第96行—第177行）。关于雕像损毁的不同传说，参见比尔德的《帕台农神殿》第三章。"世间最华美的清真寺"语出乔治·惠勒（George Wheler）的《在里昂的斯庞教授陪同下游希腊》(*A Journey into Greece in the Company of Dr Spon of Lyons*)（伦敦，1682年）第352页。

后记：文明，单数还是复数？

最初的《文明》系列节目作为创作背景，催生并影响了乔纳森·康林（Jonathan Conlin）的《文明》(*Civilisation*)（伦敦，2009年），目录中附有对克拉克（Clark）、克里斯·斯蒂芬斯（Chris Stephens）和约翰－保罗·斯通纳（John-Paul Stonard）编辑的《肯尼斯·克拉克：寻访文明》(*Kenneth Clark: Looking for Civilisation*)（泰特美术馆，伦敦，2014年）的致谢。该系列在詹姆斯·斯托顿（James Stourton）的《肯尼斯·克拉克：生活、艺术与文明》(*Kenneth Clark: Life, Art and Civilisation*)（伦敦，2016年）也得到充分的讨论。

主要遗址地点

我在本书中讨论的多是全球知名的主要文化遗址，每年总计都有百万游客前往观光：中国中部陕西省的秦始皇皇陵、拉美西斯二世在现代埃及卢克索兴建的巨大神庙、柬埔寨的吴哥窟、塞维利亚、意大利拉文纳的那座最著名的中世纪早期教堂、伊斯坦布尔的蓝寺、雅典的卫城。还有一些不那么广为人知的，或更冷门的：

1. 我们如何观看？：序言中的奥尔梅克头像已经从原址移走（受石油勘探影响），现在陈列于拉本塔的公园博物馆（Parque-Museo）——位于塔巴斯科州比亚埃尔莫萨的鲁伊斯-科尔廷（Bulevar Ruiz Cortines, Villahermosa, Tabasco State）的一个略显怪异的考古公园与动物园。门农巨像就在路边，很容易看到，位于国王谷（Valley of the Kings）和卢克索城（Luxor）之间。纳克索斯未完成的巨大石像周围并没有设置防卫，就在岛屿北部的阿波罗那（Apollonas）附近，它最初的那个采石场里，里面可以开车。原书第72页照片里便捷的楼梯通道已经被移除。另外两尊类似状态的雕塑仍然在岛屿中部的米兰斯（Melanes）——可以随意参观，但最好有当地人引导。塞恩府仍然归属诺森伯兰郡公爵所有,坐落在伦敦中心西部的绿地上,虽然公共交通不太容易到达。夏季的几个月里,每周固定三天向公众开放。

2. 信仰的目光:阿旃陀石窟一周六天开放(周日闭馆),但是离最近的城镇奥兰加巴德(Aurangabad)也还有大约60英里,或者从更小的镇贾尔冈(Jalgoan)出发则有40英里——所以相对不容易到达,大多数外国游客都是组队或者从奥兰加巴德乘坐计程车去那里的。位于威尼斯中心的圣洛可大会堂,从大运河(Grand Canal)步行不需几分钟就到,除了圣诞节和新年,每天都开放。马卡雷纳教堂在塞维利亚旅游中心稍北一些的位置,但在当地交通网络中还是很容易到达的。教堂是在20世纪30年代经过重建的,每天免费开放(虽然下午会关闭)。桑贾克拉清真寺位于切克梅杰(Büyükçekmece),从伊斯坦布尔(Istanbul)沿E80高速公路向西,每天免费开放,只有驾车或者搭乘计程车才能到达。伊利大教堂位于伦敦北面90英里处,步行就能到达伊利主线火车站,每天开放。库特巴乌勒伊斯兰清真寺在新德里(New Delhi),和其他伊斯兰纪念建筑一起位于"古达明纳塔建筑群"(Qutb Minar Complex)中,每天开放,公共交通容易到达。

我提到的单件的艺术品几乎都在主要博物馆中长期展出。伦敦的大英博物馆(British Museum)中藏有画着粗俗的萨梯和完美主妇的那两件5世纪雅典陶壶,以及阿特米多若斯的木乃伊。普拉斯科莱雅雕像藏于雅典的国家考古博物馆(National Archaeological Museum),同时展出的还

主要遗址地点

有诸多承载着我们称为"希腊革新"的变化的古希腊雕塑。拳击手雕像现在泰尔梅大博物馆的国家博物馆（National Museum, Palazzo Massimo alle Terme），从罗马的主要铁路站点只要步行几分钟。从纽约的大都会博物馆（Metropolitan Museum）到巴黎的卢浮宫（Louvre）都藏有尼多斯的阿佛洛狄忒的不同版本的复制品。《观景楼的阿波罗》藏于梵蒂冈博物馆（Vatican Museums），《垂死的高卢人》藏于罗马的卡皮托利内博物馆（Capitoline Museums）。墨西哥城的国家人类学博物馆（National Museum of Anthropology）展出着奥尔梅克摔跤手和其他奥尔梅克艺术品。《肯尼科特圣经》现藏牛津的博德利图书馆（Bodleian Library），也可以在线浏览 https://digital.bodleian.ox.ac.uk/（搜索关键词：MS Kennicott 1），并周期性地在博德利的韦斯顿图书馆展厅展出。

致　谢

电视节目的制作是一个团队协作过程。本书的大部分内容都是我们 BBC《文明》摄制组与 Nutopia 制作公司的伙伴们在不断的推敲、辩论、欢笑与打磨中形成的，无论在伦敦还是文化遗址现场。对节目与书籍成品给予巨大帮助的有：马克·贝尔（Mark Bell）、丹尼斯·布雷克维（Denys Blakeway）、卡洛琳·巴克利（Caroline Buckley）、乔恩逖·卡拉普莱（Jonty Claypole）、梅尔·福尔（Mel Fall）、马特·伊尔（Matt Hill）、安迪·霍尔（Andy Hoare）、杜安·麦克卢尼（Duane McClunie）、菲比·米切尔宁尼斯（Phoebe Mitchell-Innes）、戴维·欧罗索戈（David Olusoga）、约翰·佩里（Johann Perry）、尼克·瑞克斯（Nick Reeks）、尤安·罗克斯伯勒（Ewan Roxburgh）与西蒙·沙玛（Simon Schama）。同样还要感谢承担项目实际制片运作的同仁们：贝姬·克拉里奇（Becky Claridge）、约翰·马歇尔（Joanna Marshall）和珍妮·沃尔夫（Jenny Wolf）。没有什么比电视节目演职员表里的"撰稿与主持"更误导观众的了，好像这一切都是你做的，都是你把这些内容呈现到荧幕上的。所以我要摆出一个小小的姿态来改变这种错误的印象：我要将这本书献给马特·伊尔（Matt Hill）——他是我的导演，本书也融入了他的一些观点和精妙措辞——以及整个"团队"。

本书的撰写也得到许多老友的鼎力相助。彼得·斯托瑟德（Peter Stothard）和鲍勃·韦尔（Bob Weil）都仔细研读并修改了每一页内容。给予了大量建议的还有：我的先生罗宾·科马克（Robin Cormack），他是我居家的拜占庭文化研究者；我的孩子佐伊·科马克（Zoe Cormack）和拉斐尔·科马克（Raphael Cormack），还帮助制作了大事年表；以及贾斯·埃尔斯纳（Jas Elsner）、杰里米·坦纳（Jeremy Tanner）卡丽·武特（Carrie Vout）。弗朗索瓦丝·西蒙斯（Françoise Simmons）在克里斯蒂安娜·赫林翰的内容上给予了大量帮助，黛比·惠特克（Debbie Whittaker）协助了勘误以及更多事项。

出版也是团队协作。在 Profile 出版社，彭妮·丹尼尔（Penny Daniel）见证全书的出版过程，她总能让工作氛围轻松幽默，这大大地支持了我的工作。感谢她，感谢 Jade Design 设计公司的詹姆斯·亚历山大（James Alexander）、克莱尔·博蒙特（Claire Beaumont）、皮特·戴尔（Pete Dyer）、安德鲁·富兰克林（Andrew Franklin）、Artists' Partnership 的埃米莉·海沃德·惠特洛克（Emily Hayward Whitlock）、雷斯利·霍奇森（Lesley Hodgson）、西蒙·谢尔默丁（Simon Shelmerdine）和瓦伦蒂娜·赞卡（Valentina Zanca）。再次感谢这个优秀的团队！

出版后记

1969年是对艺术传播史来说非常重要的一个年份，那年英国广播公司推出了由肯尼斯·克拉克爵士主持的《文明》（Civilisation）13集系列纪录片。这个系列刚一播出，就在世界范围内激起了巨大反响，有评论者将其誉为"电视史上的里程碑"。在接下来的几十年里，克拉克的《文明》更是显示出了经久不衰的影响力，甚至在今天中国许多"80后""90后"年轻人的生命中，它也扮演过西方艺术启蒙者的角色。

克拉克的《文明》播出近40年后，英国广播公司开启了全新的《文明》（Civilisations）纪录片项目，但这次片名中的Civilisation后面加上了一个s，从单数的、至高无上的"唯一文明"，变成了多元的、百花齐放的"世界诸文明"。我们这次出版的《文明Ⅰ》《文明Ⅱ》两本书，就是这个新纪录片项目的一部分。两位作者玛丽·比尔德和戴维·奥卢索加都是英国当代著名学者和公共知识分子，在新版《文明》中担任分集主持人，在这两部书成书之际，他们对片中的解说词做了修订和增补，因此书中除了包含所有出现在片中的艺术品图像资料和文字讲解，还有许多他们在纪录片里没有机会展开的补充内容。

两位作者在后记中都提到，尽管他们都是在克拉克版《文明》的影响之下成长的，并曾受惠于他，然而他们也都强烈地意识到了克拉克视野中的盲区，如比尔德提及"虽然20世纪60年代正是女性主义运动如火如荼的时候，但他在1969年所提供的这种艺术视野却几乎没有提到任何女性的积极活动"，而奥卢索加则特别在意克拉克不经意间流露出的对非洲艺术品的偏见，指出这种西方中心主义的论断是一种实无根据的偏狭观念。他们以自己丰富的学识和雄辩的论述回应了克拉克，也向全世界的读者和观众有力证明了女性、非洲文明，以及许多之前在西方文化界长期被边缘化了的群体也有创造卓越文化艺术的能力，他们在世界文明史上扮演的角色同样不可轻视。

无论是文明本身，还是人们对文明的理解和评述，都是在不断的讨论和修正中得以演进的，而我们现在看到的这两本书就是这种讨论的重要组成部分。我们很高兴有机会将这两本内容丰富而具有进步意义的书带到中国读者面前。

后浪出版公司
2019年7月

图书在版编目（CIP）数据

　　文明 . I / 玛丽·比尔德著 ; 郭帆译 . -- 北京 : 中国友谊出版公司 , 2019.6
　　书名原文 : Civilisations
　　ISBN 978-7-5057-4673-2

　　Ⅰ . ①文… Ⅱ . ①玛… ②郭… Ⅲ . ①世界史 Ⅳ . ① K1

中国版本图书馆 CIP 数据核字 (2019) 第 069643 号

Copyright © Mary Beard Publications Ltd, 2018
Originally published in English, entitled CIVILISATIONS by Profile Books Ltd, London
This simplified Chinese edition is published by Ginkgo (Beijing) Book Co., Ltd, 2019
本书简体中文版由银杏树下（北京）图书有限责任公司出版

书名	文明 I
作者	[英]玛丽·比尔德
译者	郭　帆
出版	中国友谊出版公司
发行	中国友谊出版公司
经销	新华书店
印刷	北京盛通印刷股份有限公司
规格	889×1194 毫米　32 开 7.5 印张　99.5 千字
版次	2019 年 8 月第 1 版
印次	2019 年 8 月第 1 次印刷
书号	ISBN 978-7-5057-4673-2
定价	88.00 元
地址	北京市朝阳区西坝河南里 17 号楼
邮编	100028
电话	（010）64678009